ॐ

RUDRI

SHUKLA YAJURVEDIYA RUDRASHTADHYAYI

शुक्ल-यजुर्वेदीय वाजसनेयि-संहिता रुद्राष्टाध्यायी

compiled and edited
SADHVI HEMSWAROOPA
Ashwini Kumar Aggarwal

जय गुरुदेव

ISBN13: 978-93-92201-39-4 Paperback Edition
ISBN13: 978-93-92201-47-9 Hardbound Edition
ISBN13: 978-93-92201-55-4 Digital Edition

Title: **Rudri Shukla Yajurvediya Rudrashtadhyayi**
Author: **Ashwini Kumar Aggarwal, Sadhvi Hemswaroopa**

Printed and Published by
Devotees of Sri Sri Ravi Shankar Ashram
34 Sunny Enclave, Devigarh Road,
Patiala 147001, Punjab, India

https://advaita56.weebly.com/
The Art of Living Centre

https://www.artofliving.org/

30th June 2022, Ashadha Navaratri Pratipada, Shukla Paksha Punarvasu Nakshatra, Varsha Ritu, Guru Pushya Yoga, Sarvartha Siddhi Yoga, Amrita Siddhi Yoga. On this day in 1930 1st round-the-world radio broadcast Schenectady.
1938 Superman appears in DC Comics issue #1.
1953 1st Chevrolet Corvette car produced. 2021 Abhimanyu Mishra becomes youngest chess grandmaster at 12 years 4 months.
Vikram Samvat 2079 Nala, Saka Era 1944 Shubhakrit

1st Edition June 2022

जय गुरुदेव

Dedication

H H Sri Sri Ravi Shankar
for giving us the Monday Rudra Puja

An offering at His Lotus feet

Acknowledgements

This builds on our earlier pocket book "Rudra Puja North Indian Rudrashtadhyayi" by adding a much-needed Latin Transliteration and also Rudri verses without accents, so that the reader may see each letter and word clearly to perfect his chanting. Adapted from our bestseller book "Rudra Puja: Simple Complete Profound".

Front Cover Photo Credits

Rudra Puja by Guruji during Kartika masa on Gujarati New Year at Yagna Shala, Bangalore Ashram. Date 31 Oct 2016

Blessing

The consciousness which is bliss and innocence, the consciousness which is the bestower of dispassion is शिव Shiva.

The whole world is moving in an auspicious rhythm of innocence and intelligence that is Shiva.

The permanent and eternal source of energy, the eternal state of being, the one and only one is Shiva.

The soul is called Shiva – there is no difference between the Soul and Shiva.

When Rudraabhisheka happens, nature flourishes, nature becomes joyful and happy. Mainly, it creates more positive ions, more so when people are meditating.

H H Sri Sri Ravi Shankar
Bangalore Ashram

Table Of Contents

BLESSING....4

SALIENT FEATURES OF THIS BOOK....7

INTRODUCTION 8

VEDIC CHANTING GUIDELINE – SHUKLA YAJURVEDA....10

BASIC MANTRAS....12

OM ॐ - अ उ म A U M.... 12

OM NAMAH SHIVAYA ॐ नमः शिवाय 12

RUDRA GAYATRI MANTRA 12

MAHA MRITYUNJAYA MANTRA 13

MOOL MANTRA मूल-मन्त्रः 13

RUDRA ASHTAKAM श्री रुद्राष्टकम्.... 14

RUDRA ASHTAKAM ESSENCE 15

BILVA ASHTAKAM बिल्व अष्टकम् 16

PRAYER 17

PERFORMING THE RUDRA PUJA 18

Sankalpam सङ्कल्पम् 21

Pancamrit Snanam पञ्चामृताभिषेकं.... 26

GANAPATI ATHARVASHIRSHA....29

SHANTI MANTRA ESSENCE.... 33

VERSES FOR CHANTING THE RUDRI WITH SVARA 34

ध्यानम् Dhyanam 36

अथ प्रथमोऽध्यायः 1st Chapter.... 37

अथ द्वितीयोऽध्यायः 2nd Purusha Suktam 38

अथ तृतीयोऽध्यायः 3rd Chapter 40

अथ चतुर्थोऽध्यायः 4th Chapter 42

अथ पञ्चमोऽध्यायः 5th Chapter Namakam 44

अथ षष्ठोऽध्यायः 6th Chapter 50

अथ सप्तमोऽध्यायः 7th Chapter 51
अथ अष्टमोऽध्यायः 8th Chapter Chamakam 52
अथ शान्ति अध्यायः Shanti 56
अथ स्वस्ति प्रार्थना मन्त्र अध्यायः Svasti 59

PARDON SHLOKAS 61

ALANKARA AND AARTI AFTER ABHISHEKA 62

OM JAI JAGADISH HARE 69

LINGA ASHTAKAM लिङ्गाष्टकम् 70
SIMPLE TRANSLATION OF LINGA ASHTAKAM 71
BHAJAN 73

THE PRONOUN " I " 74

SEASON TITHI NAKSHATRA 75

SHUKLA YAJURVEDA ACCENTS AND SYMBOLS 77

Pronunciation of letters ख , ष , ऽ 77
Pronunciation of doubled letters 78
Anusvara variation in symbols 78

SHIVA UPASANA MANTRA 79

108 Names of Lord Shiva 80
Shiva Pancakshari Stotra 81
Shiva Shadakshari Stotra 82

LATIN TRANSLITERATION OF RUDRI 83

RUDRI WITHOUT ACCENTS 109

NORTH & SOUTH INDIAN TRADITIONS 131

REFERENCES 132

Audio Chants on the Net 133

EPILOGUE 134

Salient Features of this book

Many times parents wish they could get an inkling of what happens in the temple pujas, or what the local pandit chants during a family ceremony. Parents also wish they could get a more intimate feel of the thought processes and the sacred heritage of our ancestors. Also, many hope that their children can tune in a bit as well. This book has been accordingly designed for crisp and clear readability of the Sanskrit mantras.

Special attention is given to:

- Accuracy of the text from the original scriptures
- Devanagari conjuncts are clearly typed
- Accents on Devanagari text are correctly placed
- Many a time Sandhis have been spaced so that visibility of the words is enhanced
- Enunciation of Sanskrit letters is as per Vedic chanting, especially that of visarga and anusvara. Thus in प्रथमोऽध्यायः initial verse ग॒णाना॑न् त्वा ग॒णप॑तिं हवामहे॒ is written as ग॒णाना॑न् त्वा ग॒णप॑तिꣳ हवामहे॒ to indicate that the anusvara ◌ꣳ is uttered as गुम् "gum".
- Pluta vowel written as २ for long chant, e.g. लो॒काँ२

Finally, a simple English translation of the Sanskrit text has been given at headers so that one may understand and connect better. And admire the magnificent heights attained by the men of yore.

Introduction

Rudra Puja has been practiced in India since the beginning of time. शिव Shiva means Auspicious. रुद्र Rudra is a synonym for Shiva that additionally means 'Destroyer of Evil'. पूजा means that which is born of fullness. Thus Rudra Puja is a means to ward off evil and usher in prosperity wherein one feels full, cheerful and contented. *One experiences true alignment of one's vision with our habits and environment, and our will power increases tremendously*. The Vedic scriptures hail the Rudram chants as a method to remove all evils, attain all desires and bestow all round prosperity in one's village.

How is that possible? The whole cosmos is a play of देवि and आसुरि शक्ति Shaktis. In physics we call them positive protons, negative electrons, and neutral neutrons. ब्रह्मन् Energy can neither be created nor can it be destroyed. However it can be transformed.

But Energy is not only Matter, it is Life also, and the spectrum of desires, emotions and temperaments. Many times we wish for a change. A change in one's condition, one's family or work life or even in one's environment. The physical aspects of changing one's job or partner or location do not solve the equation till one's inner being also undergoes a change. Many times one's inner being remains adamant even though one has changed many a job and many a friend, or the pressure one feels from society and environment remains even after a change in company or country.

Our ancients discovered a methodology for this. Our seers and sages collected a series of hymns from the Vedas and put them together to invoke रुद्र Rudra, Destroyer aspect of consciousness. Here Destroyer simply means Transformer, that which causes a transformation. *And what is there to destroy or overcome? Only our subtle fears, guilt, temptations, incorrigible habits*. What does Rudra do? Rudra causes a change that we have been longing for so ardently! And inside us joy wells up, strength builds up. Our mental thoughts and processes change and so do our physical constructs and environs.

What is the Methodology? This Puja is performed with a shivling made of sphatik crystal, or white marble, or a sacred stone from the river Narmada. The Rudri Vedic hymns are chanted and these sounds get absorbed in water and milk and sandal paste. Such charged द्रव्य liquids are poured on the shivling as the chanting continues. The Rudri chants are so powerful that one is transported to a different plane. Since pouring of liquids is there, the puja is also called Abhisheka. In this book we have the North Indian tradition of chanting from the Shukla Yajur Veda, Mādhyandina Vājasaneyi Saṁhitā, Chapters 16 & 18.

During रुद्राभिशेकम् , in the first part one hears नमो, नमो । मन means mind. Its reverse नम is the mind going inward, thus illuminating the inner being. In the second part we hear चमे, चमे । In Sanskrit च means '*and*' while मे means '*For Me*' or '*In Me*', thus strengthening the inner being.

This book serves as a useful guide for pandits trained in a gurukul in the proper Vedic chanting tradition. It helps an ardent devotee to perform puja or perfect his chanting.

Vedic Chanting Guideline – Shukla Yajurveda

One gets the feel of Vedic hymns only when one listens to a competent recital. Vedic hymns are chanted in a specific manner. स्वरः Vedic accents are seen on the verses that indicate when the pitch is to be lowered or raised or the time is to be lengthened. स्वरः also means vowel, and Vedic Svara are used on vowels.

Sanskrit Vedic texts follow the sacrosanct rules of Paninian grammar. That needs each alphabet and nasal to be clearly enunciated. Sound is a very powerful medium, and its impact and meaning is great when the correct sound is articulated with proper effort and emphasis. An upaveda named Shiksha Veda lays down significant rules for pronunciation, the science of phonetics.

A letter or conjunct can be uttered only when there is a vowel to it. Basic recitation guidelines are:

1. Utter ह्रस्वः vowel for one unit of time, say 1/6th of a second, e.g. अ
2. Utter दीर्घः vowel for two units of time, i.e. 2/6th of a second, e.g.आ
3. Utter a syllable without any accent, i.e. उदात्तः in normal pitch.
4. Utter a syllable with underline accent, i.e. अनुदात्तः in base pitch.
5. Utter a syllable with vertical bar accent, i.e. स्वरितः in high pitch.
6. Utter a nasal syllable i.e. ङ ञ ण न म with correct tongue position and a nasal twang.

7. Utter ayogavaha characters correctly.

Avagraha ऽ indicates that अ is silent

Visarga ः also written as अ꣡ अ꣢ अ꣣ अ꣤ अ꣥ in specific cases, is to be uttered as ह along with preceding vowel sound at verse end or at a gap in a verse. Visarga is correctly printed in this book. For some verses the tradition ignores this and that is also respected.

Visarga ः changes to स् / श् / र् / ओ in specific cases and is to be enunciated accordingly. Visarga ः is dropped in specific cases and is then silent.

Anusvara ं changes to corresponding nasal letter ङ् ञ् ण् न् म् within a word, which is correctly printed in this book.

Anusvara ँ appears in specific cases and is to be uttered as "gum" गुम् । Anusvara ꣳ , ꣴ appear in specific cases, to be uttered as "guṃ" गुं ।

Evenness and clarity in articulation comes with enough practice. Only with proper guidance can one learn where to pause and where to lengthen the syllables. *This is the secret to the power in the Vedic chanting, the sounds renowned for innate ability to heal, cure and protect. The sounds that cleanse and purify, the sounds that nourish and sustain the healthy vibration* ***spanda*** *of the universe.*

Om ॐ - अ उ म A U M

The primordial sound. Sound is the attribute of the space element, the element that is all-pervasive, untarnished, and always available to all. Om is the direct path to salvation. Composed of अ उ म A U M. *Listen to it and chant it clearly*.

Om Namah Shivaya ॐ नमः शिवाय

I salute the auspicious, fundamental Divinity with wholehearted gratefulness. With a sense of oneness.

Pronounced as ॐ नमश् शिवाय since by Sanskrit Grammar rules, visarga ः changes to श् when followed by श् । The five-syllabled mantra पञ्चाक्षरी मन्त्र = न, मः, शि, वा, य । Occurs in पञ्चमोऽध्याय the 5th chapter. Most powerful in Indian lore.

Rudra Gayatri Mantra

ॐ तत् पुरुषाय विद्महे महादेवाय धीमहि । तत् नः रुद्रः प्रचोदयात् ॥ We cognize That Being in our Intellect who is the Great Lord. May Rudra purify one's reason and inspire us to welcome noble thoughts and work upon them.

In the 2nd line by Panini Grammar rules, त् changes to न् and visarga to ओ thus तन्नो रुद्रः प्रचोदयात् ।

Maha Mrityunjaya Mantra

ॐ त्र्यम्बकं यजामहे सुगन्धिं पुष्टिवर्धनम् ।
उर्वारुकमिव बन्धनान् मृत्योर् मुक्षीय माऽमृतात् ॥

O Lord! I have understood that the transactional reality is three-fold viz., I need to

- maintain my body,
- become friends with my mind, and
- behave kindly with others.

Just as a fruit detaches from its branch when ripe, similarly while alive, may I smoothly overcome death, in the form of weakness of mind, or illness of body, or poverty of family and society.

Note - by grammar rules of sandhi, the word बन्धनात् has become बन्धनान् । Also, मृत्योः has become मृत्योर् । मा अमृतात् has become माऽमृतात् it means अ is silent.

Mool Mantra मूल-मन्त्रः

ॐ नमो भगवते रुद्राय Om Namo Bhagavate Rudraya.

Sincere Salutations to Rudra, who happily bestows great good Fortune.

Rudra Ashtakam श्री रुद्राष्टकम्

नमामीशमीशान निर्वाणरूपं विभुं व्यापकं ब्रह्म वेदस्वरूपम् । निजं निर्गुणं निर्विकल्पं निरीहं चिदाकाशमाकाश वासं भजेऽहम् ॥ १ ॥ निराकार ॐकार मूलं तुरीयं गिरा ज्ञान गोतीतमीशं गिरीशम् । करालं महाकाल कालं कृपालं गुणागार संसार पारं नतोऽहम् ॥ २ ॥ तुषाराद्रि संकाश गौरं गभीरं मनोभूत कोटि प्रभा श्री शरीरम् । स्फुरन्मौलि कल्लोलिनी चारु गङ्गा लसद्-भालबालेन्दु कण्ठे भुजङ्गा ॥ ३ ॥ चलत्कुण्डलं भ्रू सुनेत्रं विशालं प्रसन्नाननं नीलकण्ठं दयालम् । मृगाधीश-चर्माम्बरं मुण्डमालं प्रियं शङ्करं सर्वनाथं भजामि ॥ ४ ॥ प्रचण्डं प्रकृष्टं प्रगल्भं परेशम् अखण्डम् अजं भानु-कोटिप्रकाशम् । त्रयः शूल निर्मूलनं शूलपाणिं भजेऽहं भवानी-पतिं भावगम्यम् ॥ ५ ॥ कलातीत कल्याण कल्पान्तकारी सदा सज्जनानन्ददाता पुरारी । चिदानन्द सन्दोह मोहापहारी प्रसीद प्रसीद प्रभो मन्मथारी ॥ ६ ॥ न यावत् उमानाथ पादारविन्दं भजन्तीह लोके परे वा नराणाम् । न तावत् सुखं शान्ति सन्तापनाशं प्रसीद प्रभो सर्व भूताधिवासम् ॥ ७ ॥ न जानामि योगं जपं नैव पूजां नतोऽहं सदा सर्वदा शम्भु तुभ्यम् । जरा-जन्म-दुःखौघ-तातप्यमानं प्रभो पाहि आपन्नमामीश शम्भो ॥ ८ ॥

रुद्राष्टकम् इदं प्रोक्तं विप्रेण हरतुष्टये ।
ये पठन्ति नरा भक्त्या तेषां शम्भुः प्रसीदति ॥

Rudra Ashtakam Essence

We sing a hymn from the great epic Ramayana, which is read in all homes of India. This is an ode sung in the glory of Lord Shiva by Tulsidas. Occurs in the Uttara Khanda, i.e. 7th Chapter. उत्तरः means later and खण्डः means chapter or book. When one is awed by Nature, when one is feeling so grateful, when one is wonderstruck, then such a poem arises in the heart. अष्टकम् means 8 in number, i.e. 8 verses in praise of रुद्र , a synonym for Shiva. And how does one praise? By giving various adjectives that glorify a quality.

1.1 नमामि = I bow down, I salute. ईश = Lord. ईशान = the North East, a divine direction, synonym for Shiva. निर्वाणरूपं = tranquil, calm, final form. विभुं व्यापकं = all pervading. वेदस्वरूपम् = wise as the entire body of knowledge Veda. ब्रह्म = Brahman, the dark core of the galaxies, the center of each being, still-strong-silent.
1.2 निजं = unborn. निर्गुणं = without attributes. निर्विकल्पं = without the modulations in the mind, without the thought processes of like or dislike. निरीहं = unmoving. चिदाकाशमाकाश = the space of consciousness, the intelligent space, वासं one abiding there. भजेऽहम्=I glorify, I sing the praises, I adore with all my heart.
2.1 निराकार = unbounded, i.e. so big that its form cannot be determined. ॐकार मूलं = source of the sacred syllable Om. तुरीयं = the state of samadhi. So we begin by praising. Praising is a divine quality. It is time tested technique to manifest such qualities within oneself.

Bilva Ashtakam बिल्व अष्टकम्

त्रिदलं त्रिगुणाकारं त्रिणेत्रं च त्रियायुधम् । त्रिजन्मपापसंहारम् एकबिल्वं शिवार्पणम् ॥ १ ॥ त्रिशाखैर्बिल्वपत्रैश्च अच्छिद्रैः कोमलैश्शुभैः । तव पूजां करिष्यामि एकबिल्वं शिवार्पणम् ॥ २ ॥ दर्शनं बिल्ववृक्षस्य स्पर्शनं पापनाशनम् । अघोरपापसंहारम् एकबिल्वं शिवार्पणम् ॥ ३ ॥ काशीक्षेत्रनिवासं च कालभैरवदर्शनम् । प्रयागे माधवं दृष्ट्वा एकबिल्वं शिवार्पणम् ॥ ४ ॥ तुलसी बिल्वनिर्गुण्डी जम्बीरा मलकं तथा । पञ्चबिल्वमिति ख्याता एकबिल्वं शिवार्पणम् ॥ तटाकं धननिक्षेपं ब्रह्मस्थाप्यं शिवालयम् । कोटिकन्यामहादानम् एकबिल्वं शिवार्पणम् ॥ ६ ॥ दन्त्यश्वकोटिदानानि अश्वमेधशतानि च । कोटिकन्यामहादानम् एकबिल्वं शिवार्पणम् ॥ ७ ॥ सालग्रामसहस्राणि विप्रान्नं शतकोटिकम् । यज्ञकोटिसहस्राणि एकबिल्वं शिवार्पणम् ॥ ८ ॥

अज्ञानेन कृतं पापं ज्ञानेनापि कृतं च यत् । तत् सर्वं नाशमायातु एकबिल्वं शिवार्पणम् ॥ एकैकबिल्वपत्रेण कोटियज्ञफलं लभेत् । महादेवस्य पूजार्थं एकबिल्वं शिवार्पणम् ॥ अमृतोद् भववृक्षस्य महादेवप्रियस्य च । मुच्यन्ते कण्टकाघाता कण्टकेभ्यो हि मानवाः ॥

Prayer

ॐ श्री गुरुभ्यो नमः । हरिः ॐ ॥
ॐ गणानां त्वा गणपतिꣳ हवामहे कविं कवीनाम् उपमश्रवस्तमम् । ज्येष्ठराजं ब्रह्मणां ब्रह्मणस्पत आ नः शृण्वन्नूतिभिस् सीद् सादनम् ॥

ॐ महागणपतये नमः ।

प्रणो देवी सरस्वती वाजेभिर्वाजिनीवती । धीनामवित्र्यवतु । वाग्देवयै नमः ॥

ॐ शान्तिः शान्तिः शान्तिः ॥

We begin with invocation of the Guru, Lord Ganesha, and mother Saraswati.

Guru is that person who has opened our mind to the possibilities in creation. Guru is the one who banishes our smallness and qualifies us for greatness. Lord Ganesha = गणेश = गण-ईश = Lord of Atoms and Molecules, i.e. that energy which is responsible for the movement and spin of the basic building blocks of matter. We also invoke Goddess Saraswati, the universal energy of speech, study and proper communication. सरस = fluid, crystal clear lake, mirror like mind. वती = endowed with, possessing.

अथ रुद्र पूजा

शिवपूजन-विधि Sit comfortably facing the East. Arrange Shivling so that water flow is towards North.

Purification Hymn पवित्री करणम्

ॐ अपवित्रः पवित्रो वा सर्वावस्थां गतोऽपि वा ।

यः स्मरेत् पुण्डरीकाक्षं स बाह्याभ्यन्तरः शुचिः ॥

This hymn is chanted for purification of mind, body, puja items and surroundings. By purification is meant bringing about calmness in the mind and cleansing the aura of the bodies. We sprinkle water while chanting all around, with a flower dipped in *ganga jal* Ganges water.

आचमनम् ॐ केशवाय नमः । ॐ नारायणाय नमः । ॐ माधवाय नमः ।

sip water thrice. ॐ हृषीकेशाय नमः ॥ wash hands

प्राणायाम (nadi shodhan with gayatri mantra one round)

ॐ प्रणवस्य परब्रह्म ऋषिः । परमात्मा देवता । देवी गायत्री छन्दः ।

प्राणायामे विनियोगः ॥

ॐ भूः ॐ भुवः ॐ सुवः ॐ महः ॐ जनः ॐ तपः ॐ सत्यम् । inhale

ॐ तत्सवितुर्वरेण्यं भर्गो देवस्य धीमहि । धियो यो नः प्रचोदयात् ॥ hold

ॐ आपो ज्योती रसोऽमृतं ब्रह्म भूर्भुवस् सुवरोम् । exhale

पुनः आचमनम्

ॐ आपो ज्योति रसोऽमृतं ब्रह्म भूर्भुवस्सुवरोम् ।

रक्षादीप प्रज्वालनम्

Light a lamp on a bed of rice. Offer flowers and chandan to lamp.

Ghanta Puja घण्टानादम्

नाद-शब्द-महिं घण्टां सर्व विघ्नो प्रहारिणीम् । पूजये सर्व मन्त्रेण देवस्य प्रीति कारणात् ॥ आगमार्थं तु देवानां गमनार्थं तु रक्षसाम् । आदौ घण्टारवं नित्यम् देवता आह्वान लाञ्छनम् ॥ Ring the bell, to announce the auspicious moment, to awaken the pleasant energies, to spread good cheer amongst all.

॥ अथ भू-शुद्धिः ॥

विष्णु-शक्ति-समुत्पन्ने शङ्खवर्णे महीतले । अनेक-रत्न-सम्पन्ने भूमि-देवी नमोस्तुते ॥ *from Bharat Muni's Natya Shastram.*

॥ अथ आसन-शुद्धिः ॥

पृथ्वि त्वया धृता लोका देवित्वं विष्णुना धृता । त्वं च धारय मां देवि पवित्रं कुरु चासनं ॥

॥ Invoking Bhairava भैरव प्रार्थना ॥

तीक्ष्ण दंष्ट्र महाकाय कल्पान्त दहनोपम । भैरवाय नमस्तुभ्यं अनुज्ञां दातुमर्हसि ॥ *Invoking Bhairava, the fierce aspect of Lord Shiva* - O thee with a gigantic frame and terrifying features. Allow me to offer salutations.

॥ अथ विन्यासः ॥

श्रीगणेश-द्वादश-नाम-स्तोत्रम्

सुमुखश्चैकदन्तश्च कपिलो गजकर्णकः । लम्बोदरश्च विकटो विघ्ननाशो विनायकः । धूम्रकेतुर्गणाध्यक्षो भालचन्द्रो गजाननः । द्वादशैतानि नामानि यः पठेच्छृणुयादपि ॥ विद्यारम्भे विवाहे च प्रवेशे निर्गमे तथा । सङ्ग्रामे सङ्कटे चैव विघ्नस् तस्य न जायते ॥ विद्यार्थी लभते विद्यां धनार्थी विपुलं धनम् । इष्टकामं तु कामार्थी धर्मार्थी मोक्षमक्षयम् ॥

Mangalacharanam

शुक्लाम्बरधरं विष्णुं शशिवर्णं चतुर्भुजम् । प्रसन्नवदनं ध्यायेत् सर्वविघ्नोपशान्तयेः ॥ तदेव लग्नं सुदिनं तदेव ताराबलं चंद्रबलं तदेव । विद्याबलं दैवबलं तदेव लक्ष्मीपतेः ते अङ्घ्रियुगं स्मरामि ॥ Usher in protection and maintenance for life and property.

ॐ श्री लक्ष्मी-नारायणाभ्यां नमः । ॐ श्री उमा-महेश्वराभ्यां नमः । ॐ श्री वाणी-हिरण्यगर्भाभ्यां नमः । ॐ श्री सीता-रामाभ्यां नमः । ॐ श्री शची-पुरन्दराभ्यां नमः । ॐ श्री अरुणधति-वशिष्टाभ्यां नमः । ॐ दुर्गायै नमः । ॐ गणपतये नमः । ॐ क्षेत्रपालाय नमः । ॐ वास्तुपुरुषाय नमः । ॐ मातृभ्यो नमः । ॐ पितृभ्यो नमः । ॐ गुरुभ्यो नमः । ॐ आचार्येभ्यो नमः । ॐ इष्टदेवताभ्यो नमः । ॐ कुलदेवताभ्यो नमः । ॐ ग्रामादिदेवताभ्यो नमः । ॐ सर्वेभ्यो देवेभ्यो नमः । ॐ सर्वाभ्यो देवताभ्यो नमः । ॐ सर्वेभ्यो ब्राह्मणेभ्यो नमः । ॐ श्रीमद् भगवत् बौद्धायन-आचार्येभ्यो नमः ।

Baudhayana sutras are the earliest Vedic sutras that cover general laws of life and living, and include mathematics and shulba sutras. Here we understand that one lives in an ecosystem, life is dependent on many factors working in harmony.

अविघ्नमस्तु वक्रतुण्ड महाकाय सूर्यकोटिसमप्रभ । निर्विघ्नं कुरु मे देव सर्वकार्येषु सर्वदा ॥ (gently tap 9 times on the sides of one's head with the knuckles, to awaken the intellect and banish dullness).

Sankalpam is the precise statement of correct time and place and wish. Example is for Monday date 14 Nov 2016 time 7:00am place Ludhiana, India. Notice that it is the day of Kartik Poornima, most auspicious for Rudra Puja. *[Words in brackets are to be changed as per the day Panchang when actual Puja is being done].*

Sankalpam सङ्कल्पम्

Keep akshat and flowers and water in left palm. Cover the left palm with the right palm, and place on right knee. (Rice grains to symbolize earnestness, totality of being; flowers to indicate wonder at the changing needs and wants; water for purity).

शुभे शोभने मुहूर्ते ... प्रारम्भ-काल-सुमुहूर्तमस्तु
ॐ विष्णुः विष्णुः विष्णोराज्ञया प्रवर्तमानस्य अद्य ब्रह्मणः द्वितीय प्रहरार्द्धे श्री श्वेत-वराह-कल्पे वैवस्वत-मन्वन्तरे कलियुगे अष्टाविंशति-तमे तत् प्रथम-पादे जम्बू-द्वीपे भरत-खण्डे भारत-वर्षे महामेरोः [पश्चिमे] दिग्भागे [दक्षिणे] पार्श्वे [श्रीमद् शतद्रोः सतलुज] नदी-तीरे बौद्धावतारे राम-क्षेत्रे [पंजाब] प्रदेशे [लुधियाना]-पुण्य नगर्यां दण्डकारण्ये अस्मिन् वर्तमानकाले व्यवहारिके प्रभवादि षष्ठ्यां संवत्सराणां मध्ये [सौम्य]-नाम संवत्सरे [दक्षिण]-आयने [शरद]-ऋतौ [कार्तिक]-मासे [शुक्ले]-पक्षे अद्य [पूर्णिमा]-शुभतिथौ वासरः वासरस्तु [सोम]-वासरे वासरयुक्तायां [भारिणी]-नक्षत्र-युक्तायां शुभयोग शुभकरण एवं गुण विशेषेण विशिष्टायां पुण्यायां पुण्यकाले महापुण्य शुभतिथौ – [सिङ्गल]-गोत्रोद्-भवानां [पुनर्वसु]-नक्षत्रे [कर्क]-राशौ जातानां [your name]- श्री वेद विज्ञान महाविद्यापीठे विराजमानानां श्री श्री गुरुणां तथा

आश्रमे आगामितानां सर्वेषां भक्त-महाजनानां अस्माकं सहकुटुम्बानां बन्धुजनवर्गस्य -
क्षेम, स्थैर्य-वीर्य-विजय-आयुः, आयुष्य आरोग्य, ऐश्वर्याणाम् अभिवृद्धिः अर्थं, देशविदेशेषु सनातन धर्म प्रचार कार्येषु यशोलाभ प्राप्त्यर्थं, समस्त-मङ्गल-अवाप्ति-अर्थं, अलक्ष्मी निवार्णार्थं, अष्टलक्ष्मी स्थैर्यता सिद्धि-अर्थं , समस्त-दुरित-उपशान्ति-अर्थं, इष्ट-काम्यर्थ-सिद्धि-अर्थं, धर्म-अर्थ-काम-मोक्ष चतुर्विधफल पुरुषार्थ-सिद्धि-अर्थं, श्री सूर्य-गणपत्यम्बिका-शिव-विष्णु-देवता प्रीति-अर्थं , प्रसादेन सर्वारिष्ट शान्ति-अर्थं, सर्वान्-अनुकूलता सिद्ध्यर्थं, सर्वमनोरथ अवाप्ति-अर्थं, श्रेयोभिः अभिवृद्धि-अर्थं, समस्तपापक्षयपूर्वकं महा पुण्यकाले - पञ्चामृताभिषेकं श्रीरुद्राभिषेक-पूजनं श्रीसाम्बसदाशिव-षोडशोपचार-पूजा-आराधनं च करिष्ये । (gently drop the flowers and akshat on plate). It is important to desire for universal well-being in addition to personal gains and aims. It is important to prioritize goals, then give time and effort to realize them.

आदौ निर्विघ्नता सिद्ध्यर्थं श्रीमहागणपतिं पूजां करिष्ये ।
ॐ ग॒णानां᳚ त्वा ग॒णप॑तिꣳ हवामहे क॒विं क॑वी॒नाम् उ॑प॒मश्र॑वस्तमम् । ज्ये॒ष्ठ॒रा॒जं ब्रह्म॑णां ब्रह्मणस्पत॒ आ न॑श्शृ॒ण्वन्नू॒तिभि॑स्सीद॒ साद॑नम् ॥ वक्रतुण्ड महाकाय सूर्यकोटी समप्रभ । निर्विघ्नं कुरु मे देव सर्वकार्येषु सर्वदा ॥

Kalasha Puja अथ कलशार्चनम्

कलशस्य मुखे विष्णुः कण्ठे रुद्रस् समाश्रितः । मूले तत्र स्थितो ब्रह्मा मध्ये मातृगणास् स्मृताः ॥ कुक्षौ तु सागरास् सर्वे सप्तद्वीपा वसुन्धरा । ऋग्वेदोऽथ यजुर्वेदस् सामवेदो ह्यथर्वणः ॥ अङ्गैश्च सहितास् सर्वे कलशं तु समाश्रिताः । अत्र गायत्री सावित्री शान्तिः पुष्टिकरी तथा ॥ आयान्तु देवपूजार्थं दुरितक्षयकारकाः । सर्वे समुद्रास् सरितस् तीर्थानि जलदा नदाः ॥ गङ्गे च

यमुने चैव गोदावरि सरस्वति । नर्मदे सिन्धु कावेरि जलेऽस्मिन् सन्निधिं कुरु ॥

Shankh Puja अथ शङ्खार्चनम्

व्यापक मण्डलाय नमः ।

ॐ वं वह्नि-मण्डलाय धर्मप्रद दश-कलात्मने नमः । seat of conch

ॐ अं अर्क-मण्डलाय अर्थप्रद द्वादश-कलात्मने नमः । on conch

प्रणवेन ॐ इति जलम् आपूर्य । fill water in conch.

ॐ मं सोम-मण्डलाय कामप्रद षोडश कलात्मने नमः।

Mudras Display मुद्रां प्रदर्श्यः

चक्र मुद्रया संरक्ष्य (protects)। सुरभि मुद्रया अमृती कृत्य (instills nectar)। तार्क्ष मुद्रया निर्वीषी कृत्य (removes poison)। विपुलमाया करणार्थे मेरु मुद्रा (offsets ignorance) । पवित्री करणार्थे शङ्ख मुद्रां प्रदर्श्य (ushers auspiciousness) । ॐ पाञ्चजन्याय विद्महे पद्मगर्भाय धीमहि । तन्नश् शङ्खः प्रचोदयात् ॥ शङ्ख-देवताभ्यो नमः । सकल पूजार्थे अक्षतान् समर्पयामि ।

Sprinkling Water

शङ्खोदकेन पूजाद्रव्याणि प्रोक्ष्य, पूजोपकरणं संप्रोक्ष्य, देवस्य मूर्तिः अस्मिन् प्रोक्ष्य, आत्मानं च प्रोक्ष्य । (on puja items and on self, pour balance water on earth) शङ्खमध्ये स्थितं तोयं भ्रामितं केशवोपरि । अङ्गलग्नं मनुष्याणां ब्रह्महत्यायुतं दहेत् ॥ पुनः शङ्खे जलम् पूर्यित्वा देवस्य दक्षिणदिग्भागे स्थापयेत् ॥ pour water from kalasha in conch with gayatri japa thrice, then place conch to south.

One becomes Shiva अथ आत्मार्चनम्

यो वेदादौ स्वरः प्रोक्तो वेदान्ते च प्रतिष्ठितः । तस्य प्रकृतिलीनस्य यः परस् स महेश्वरः ॥ तस्याः शिखाया मध्ये परमात्मा व्यवस्थितः । स ब्रह्म स शिवस् स हरिस् स इन्द्रस् सोऽक्षरः परमस् स्वराट् ॥

One becomes Shiva (Place flower petals on one's head). Verses from MahaNarayana Upanishad 4th Prashna 12th Anuvaka and Narayana Sukta, Taittiriya Aranyakam 4 Prapathaka 10 Anuvaka13.

Invoking the 14 lokas

ॐ अतलाय नमः । ॐ वितलाय नमः ।ॐ सुतलाय नमः । ॐ तलातलाय नमः । ॐ रसातलाय नमः । ॐ महातलाय नमः । ॐ पातालाय नमः । ॐ भूर्लोकाय नमः । ॐ भुवर्लोकाय नमः । ॐ स्वर्लोकाय नमः । ॐ महर्लोकाय नमः । ॐ जनोलोकाय नमः । ॐ तपोलोकाय नमः । ॐ सत्यलोकाय नमः ॥ ॐ चतुर्दशभुवनाधीश्वराय नमः ॥ ॐ उत्तरतः चण्डेश्वराय नमः । सर्वस्य देवता नमः । इति विसर्जयेत् । इत्यात्मार्चनम् ।

(to appreciate that the creation is much more than what is apparent to the senses; rules and laws are temporal).

Invoking the Yonis अथ मण्टपार्चनम्

ॐ यक्षेभ्यो नमः । ॐ रक्षेभ्यो नमः । ॐ अप्सरेभ्यो नमः । ॐ गन्धर्वेभ्यो नमः । ॐ किन्नरेभ्यो नमः । ॐ गोभ्यो नमः । ॐ देव-मातृभ्यो नमः । ॐ मण्टपाश्रितदेवताभ्यो नमः। जल गन्धाद्युपचार पूजां समर्पयामि ॥

(highlights that one has lived in various types of bodies).

Dvarpal Puja अथ द्वारपाल-पूजां करिष्ये

ॐ पूर्वद्वारे द्वारश्रियै नमः । धात्रे नमः । विधात्रे नमः । ॐ दक्षिणद्वारे द्वारश्रियै नमः । चण्डाय नमः । प्रचण्डाय नमः । ॐ पश्चिमद्वारे द्वारश्रियै नमः । जयाय नमः । विजयाय नमः । ॐ उत्तरद्वारे द्वारश्रियै नमः । शङ्खनिधये नमः । पुष्पनिधये नमः । द्वारपाल पूजां समर्पयामि ॥ (honor the four directions and the geographical energies they represent).

Ashta Dikpal Puja अष्टदिक् पाल पूजा

ॐ इन्द्राय नमः । ॐ अग्नये नमः । ॐ यमाय नमः । ॐ निर्ऋतये नमः । ॐ वरुणाय नमः । ॐ वायवे नमः । ॐ कुबेराय नमः । ॐ ईशानाय नमः । (honor the linear as well as curving energies, know that physics changes with time and place, know that chemistry is equally important).

5 Devas Puja आवाहनम्

MahaNarayana Upanishad 4th Prashna

ॐ भास्कराय॑ विद्महे॑ महद्द्युतिकराय॑ धीमहि । तन्नो॑ आदित्यः प्रचोदया॑त् । श्री सूर्याय नमः । आवाहयामि । स्थापयामि । पूजयामि ॥ ॐ एकदन्ताय॑ विद्महे॑ वक्रतुण्डाय॑ धीमहि । तन्नो॑ दन्तिः प्रचोदया॑त् । श्रीमन् महागणपतये नमः । आवाहयामि । स्थापयामि । पूजयामि ॥ ॐ कात्यायनाय॑ विद्महे॑ कन्यकुमारि॑ धीमहि । तन्नो॑ दुर्गिः प्रचोदया॑त् । श्री दुर्गायै नमः । आवाहयामि । स्थापयामि । पूजयामि ॥ ॐ तत्पुरुषाय विद्महे॑ महादेवाय॑ धीमहि । तन्नो॑ रुद्रः प्रचोदया॑त् । श्रीसाम्बसदाशिवाय नमः । आवाहयामि । स्थापयामि । पूजयामि ॥ ॐ नारायणाय॑ विद्महे॑ वासुदेवाय॑ धीमहि । तन्नो॑ विष्णुः प्रचोदया॑त् । श्रीमन् महाविष्णवे नमः । आवाहयामि । स्थापयामि ।

पूजयामि ॥ आह्वयन्त श्रीसूर्य-गणपत्यम्बिका-शिव-विष्णुदेवताभ्यो नमः । ध्यायामि । ध्यानं समर्पयामि । (honor the five elements and the corresponding subtle energies, viz. mind, intellect, memory, ego and self).

आसनम् आवाहयामि । रत्न-सिंहासनं समर्पयामि ।
पाद्यम् पादारविन्द्योः पाद्यं पाद्यं समर्पयामि ।
अर्घ्यम् हस्तयोः अर्घ्यं अर्घ्यं समर्पयामि ।
आचमनम् मुखारविन्दे आचमनीयं आचमनीयं समर्पयामि । सर्वाङ्गेषु स्नानम् ।

Pancamrit Snanam पञ्चामृताभिषेकं
Invoking the pancamrit devatas

पञ्चामृताभिषेकं कर्तुम् पञ्चदेवता-आह्वान-पूजां करिष्ये । ॐ क्षीरेसोमाय नमः । सोमम् आवाहयामि । स्थापयामि । पूजयामि ॥ ॐ दध्निवायवे नमः । वायुम् आवाहयामि । स्थापयामि । पूजयामि ॥ ॐ घृतेरवये नमः । रविम् आवाहयामि । स्थापयामि । पूजयामि ॥ ॐ मधुनिविश्वेभ्यो देवेभ्यो नमः । विश्वान् देवान् आवाहयामि । स्थापयामि । पूजयामि ॥ ॐ शर्करायांसवित्रे नमः । सवितारम् आवाहयामि । स्थापयामि । पूजयामि ॥ आह्वाहित पञ्चद्रव्य देवताभ्यो नमः । जल-गन्धादि पूजां समर्पयामि ॥ (welcome the beautiful emotions, viz., love, compassion, sincerity, contentment, and truthful intention).

Marjanam आदौ मलापकर्ष-स्नानं करिष्ये

ॐ आपो॒ हि ष्ठा म॑यो॒भुव॒स्तान॑ ऊ॒र्जे द॑धातन । म॒हे रणा॒य चक्ष॑से । यो वः॑ शि॒वत॑मो॒ रस॒स्तस्य॑ भाजयते॒ ह नः॑ । उ॒श॒तीरि॑व मा॒तरः॑ । तस्मा॒ अर॑ङ्ग माम वो॒ यस्य॒ क्षया॑य॒ जिन्व॑थ । आपो॑ ज॒नय॑था च नः ॥ मलापकर्ष-स्नानं

समर्पयामि ॥ (welcome the innocence, simplicity, purity, caring and belongingness).

आदौ क्षीरेण स्ना पयिष्ये Milk

ॐ आप्यायस्व समेतु ते विश्वतस् सोम वृष्णियम् । भवा वाजस्य सङ्गथे ॥ क्षीरस्नानं समर्पयामि । क्षीरस्नानान्तरम् शुद्धोदकेन स्ना पयिष्ये । ॐ सद्योजातं प्रपद्यामि सद्योजाताय वै नमो नमः । भवे भवे नातिभवे भवस्व माम् । भवोद्भवाय नमः ॥ शुद्धोदकस्नानं समर्पयामि ॥

दध्ना स्ना पयिष्ये Curd

ॐ दधिक्राव्ण्णो अकारिषं जिष्णोरश्वस्य वाजिनः । सुरभि नो मुखा करत्प्रण आयूꣳषि तारिषत् ॥ दधिस्नानं समर्पयामि । ॐ वामदेवाय नमो ज्येष्ठाय नमः श्रेष्ठाय नमो रुद्राय नमः कालाय नमः कलविकरणाय नमो बलविकरणाय नमो बलाय नमो बलप्रमथनाय नमस् सर्वभूतदमनाय नमो मनोन्मनाय नमः ॥ शुद्धोदकस्नानं समर्पयामि ॥

घृतेन स्ना पयिष्ये Ghee

ॐ शुक्रमसि ज्योतिरसि तेजोऽसि देवो वस् सवितोत् पुनात्वच्छिद्रेण पवित्रेण वसोस् सूर्यस्य रश्मिभिः ॥ घृतस्नानं समर्पयामि ॥ ॐ अघोरेभ्योऽथ् अघोरेभ्यो घोरघोरतरेभ्यः । सर्वेभ्यस् सर्वशर्वेभ्यो नमस्ते अस्तु रुद्ररूपेभ्यः ॥ शुद्धोदकस्नानं समर्पयामि ॥

मधुना स्ना पयिष्ये Honey

ॐ मधु वाता ऋतायते मधु क्षरन्ति सिन्धवः । माध्वीर्नस् सन्त्वोषधीः ॥ मधुनक्तमुतोषसि मधुमत्पार्थिवꣳ रजः । मधु द्यौरस्तु नः पिता ॥ मधुमान्नो

वन॒स्पति॒र्मधु॑माꣳ अस्तु सू॒र्यः । मा॒ध्वीर्गावो॑ भवन्तु नः ॥ मधुस्नानं समर्पयामि । ॐ तत्पुरुषाय विद्म॒हे॑ महादे॒वाय॑ धीमहि । तन्नो॑ रुद्रः प्रचो॒दया॑त् ॥ शुद्धोदकस्नानं समर्पयामि ॥

शर्करया स्ना पयिष्ये Shakkar

ॐ स्वा॒दुः प॑वस्व दि॒व्याय॒ जन्म॑ने स्वा॒दुर् इन्द्रा॑य सु॒हवी॑तु॒ नाम्ने॑ । स्वा॒दुर् मि॒त्राय॒ वरु॑णाय वा॒यवे॒ बृह॒स्पत॑ये॒ मधु॑माꣳ अद॒ाभ्यः॑ ॥ शर्करास्नानं समर्पयामि । ॐ ईशान॒स् सर्व॑विद्याना॒म् ईश्वर॒स् सर्व॑भूतानां ब्रह्माधि॑पति॒र् ब्रह्मणोऽधि॑पति॒र् ब्रह्मा॒ शिवो मे॑ अस्तु सदा शि॒वोम् ॥ शुद्धोदकस्नानं समर्पयामि ॥

क्षीरो दधि-घृतं चैव मधु-शर्करान्वितम् । पञ्चामृतं गृहाणेदं जगन्नाथ नमोस्तुते ॥ पञ्चामृताभिषेक-स्नानं समर्पयामि ॥

Ganapati Atharvashirsha

अथ महा-अभिषेके विनियोगः

ॐ भद्रं कर्णेभिश् शृणुयाम देवाः । भद्रं पश्ये माक्षभिर् यजत्राः । स्थिरैरङ्गैस् तुष्टुवाꣳ सस्तनूभिः । व्यशेम देवहितयँ यदायुः । स्वस्ति न इन्द्रो वृद्धश्रवाः । स्वस्ति नः पूषा विश्ववेदाः । स्वस्ति नस्ताक्ष्र्यो अरिष्टनेमिः । स्वस्ति नो बृहस्पतिर्दधातु ॥ ॐ शान्तिः शान्तिः शान्तिः ॥

ॐ नमस्ते गणपतये । त्वमेव प्रत्यक्षं तत्त्वमसि । त्वमेव केवलं कर्ताऽसि । त्वमेव केवलं धर्ताऽसि । त्वमेव केवलं हर्ताऽसि । त्वमेव सर्वं खल्विदं ब्रह्मासि । त्वं साक्षाद् आत्माऽसि नित्यम् ॥ १॥

ऋतं वच्मि । सत्यं वच्मि ॥ २॥

अव त्वं माम् । अव वक्तारम् । अव श्रोतारम् । अव दातारम् । अव धातारम् । अवानूचानमव शिष्यम् । अव पश्चात्तात् । अव पुरस्तात् । अवोत्तरात्तात् । अव दक्षिणात्तात् । अव चोर्ध्वात्तात् । अवाधरात्तात् । सर्वतो मां पाहि पाहि समन्तात् ॥ ३॥

त्वं वाङ्मयस् त्वं चिन्मयः । त्वम् आनन्दमयस् त्वं ब्रह्ममयः । त्वं सच्चिदानन्दाऽद्वितीयोऽसि । त्वं प्रत्यक्षं ब्रह्मासि । त्वं ज्ञानमयो विज्ञानमयोऽसि ॥ ४॥

सर्वं जगदिदं त्वत्तो जायते । सर्वं जगदिदं त्वत्तस् तिष्ठति । सर्वं जगदिदं त्वयि लयमेष्यति। सर्वं जगदिदं त्वयि प्रत्येति । त्वं भूमिरापोऽनलोऽनिलो नभः । त्वं चत्वारि वाक्पदानि ॥ ५॥

त्वं गुणत्रयातीतः । त्वम् अवस्थात्रयातीतः । त्वं देहत्रयातीतः । त्वं कालत्रयातीतः । त्वं मूलाधारस्थितोऽसि नित्यम् । त्वं शक्तित्रयात्मकः । त्वाँ योगिनो ध्यायन्ति नित्यम् । त्वं ब्रह्मा त्वं विष्णुस् त्वं रुद्रस् त्वं इन्द्रस् त्वं अग्निस् त्वं वायुस् त्वं सूर्यस् त्वं चंद्रमास् त्वं ब्रह्म भूर्भुवस् सुवरोम् ॥ ६॥

गणादिं पूर्वमुच्चार्य वर्णादीं स्तदनन्तरम् । अनुस्वारः परतरः । अर्धेन्दुलसितम् । तारेण ऋद्धम् । एतत् तव मनुस्वरूपम् । गकारः पूर्वरूपम् । अकारो मध्यमरूपम् । अनुस्वारश्चान्त्यरूपम् । बिन्दुरुत्तररूपम् । नादस् सन्धानम् । सꣳहिता सन्धिः । सैषा गणेशविद्या । गणक ऋषिः । निचृद् गायत्रीच्छन्दः । श्री महागणपतिर् देवता । ॐ गं गणपतये नमः ॥ ७॥

एकदन्ताय विद्महे वक्रतुण्डाय धीमहि । तन्नो दन्तिः प्रचोदयात् ॥ ८॥

एकदन्तं चतुर् हस्तं पाशम् अङ्कुशधारिणम् । रदं च वरदं हस्तैर् विभ्राणं मूषकध्वजम् । रक्तं लम्बोदरं शूर्पकर्णकं रक्तवाससम् । रक्तगन्धानुलिप्ताङ्गं रक्तपुष्पैस् सुपूजितम् । भक्तानुकम्पिनं देवं जगत् कारणम् अच्युतम् । आविर्भूतं च सृष्ट्यादौ प्रकृतेः पुरुषात्परम् । एवं ध्यायति यो नित्यं स योगी योगिनां वरः ॥ ९॥

नमो व्रातपतये । नमो गणपतये । नमः प्रमथपतये । नमस्ते अस्तु लम्बोदरायैकदन्ताय विघ्नविनाशिने शिवसुताय श्रीवरदमूर्तये नमो नमः ॥ १०॥

फलश्रुति एतद् अथर्वशीर्षं योऽधीते स ब्रह्मभूयाय कल्पते । स सर्वविघ्नैर् न बाध्यते । स सर्वत्र सुखमेधते । स पञ्चमहापापात् प्रमुच्यते । सायम् अधीयानो दिवसकृतं पापं नाशयति । प्रातर् अधीयानो रात्रिकृतं पापं नाशयति । सायं प्रातः प्रयुञ्जानो पापोऽपापो भवति । सर्वत्राधीयानोऽपविघ्नो भवति । धर्मार्थकाममोक्षं च विन्दति । इदम् अथर्वशीर्षम् अशिष्याय न देयम् । यो यदि मोहाद् दास्यति स पापीयान् भवति । सहस्रावर्तनाद् यँ यं काममधीते तं तमनेन साधयेत् ॥ ११॥ अनेन गणपतिम् अभिषिञ्चति स वाग्मी भवति । चतुर्थ्यामन् अश्नन् जपति स विद्यावान् भवति । इत्यथर्वणवाक्यम् । ब्रह्माद्यावरणं विद्यान् न बिभेति कदाचनेति ॥ १२॥ यो दूर्वाङ्कुरैर् यजति स वैश्रवणोपमो भवति । यो लाजैर् यजति स यशोवान् भवति । स मेधावान् भवति । यो मोदकसहस्रेण यजति स वाञ्छितफलम् अवाप्नोति । यस् साज्य समिद्भिर् यजति स सर्वँ लभते स सर्वँ लभते ॥ १३॥ अष्टौ ब्राह्मणान् सम्यग् ग्राहयित्वा सूर्यवर्चस्वी भवति । सूर्यग्रहे महानद्यां प्रतिमासन्निधौ वा जप्त्वा सिद्धमन्त्रो भवति । महाविघ्नात् प्रमुच्यते । महादोषात् प्रमुच्यते । महापापात् प्रमुच्यते । महाप्रत्यवायात् प्रमुच्यते । स सर्वविद् भवति स सर्वविद् भवति । य एवं वेद । इत्युपनिषत् ॥ १४॥

शान्ति मन्त्रः

ॐ सह नाववतु । सह नौ भुनक्तु । सह वीर्यं करवावहै । तेजस्विनावधीतमस्तु मा विद्विषावहै ॥ ॐ शान्तिः शान्तिः शान्तिः ॥

अस्य श्रीरुद्रस्य प्रश्नस्य अनुष्टुप् छन्दः , अघोर ऋषिः , अमृतानुष्टुप् छन्दः , श्रीसङ्कर्षणमूर्ति-स्वरूपो योऽसावादित्यः । स एष परमपुरुषस् स मृत्युञ्जय त्र्यम्बको रुद्रो देवता । अग्निः क्रतुचरुमायामिष्टिकायां सकलस्य रुद्राध्यायस्य श्रीरुद्रो देवता । एका गायत्री छन्दः । तिस्रोऽनुष्टुभः तिस्रः पङ्क्तयः ,

सप्ताऽनुष्टुभौ द्वे जगत्यौ , परमेष्ठी ऋषिः जगती छन्दः । (नमः शिवायेति बीजम् । शिवतरायेति शक्तिः । महादेवायेति कीलकम् ।) अस्माकं सर्वेषां समस्तपापक्षयार्थे न्यासे विनियोगः ॥

अथ कर-न्यासः

ॐ अग्निहोत्रात्मने अङ्गुष्ठाभ्यां नमः ।

ॐ दर्शपूर्णमासात्मने तर्जनीभ्यां नमः ।

ॐ चातुर्मास्यात्मने मध्यमाभ्यां नमः ।

ॐ निरूढपशुबन्धात्मने अनामिकाभ्यां नमः ।

ॐ ज्योतिष्ठोमात्मने कनिष्ठिकाभ्यां नमः ।

ॐ सर्वक्रत्वात्मने कर-तल-कर-पृष्ठाभ्यां नमः ॥

अथ हृदयादि अङ्ग-न्यासः

ॐ अग्निहोत्रात्मने हृदयाय नमः । ॐ दर्शपूर्णमासात्मने शिरसे स्वाहा । ॐ चातुर्मास्यात्मने शिखायै वषट् । ॐ निरूढ-पशुबन्धात्मने कवचाय हुम् । ॐ ज्योतिष्ठोम् आत्मने नेत्रत्रयाय वौषट् । ॐ सर्वक्रत्वात्मने अस्त्राय फट् ॥ भूर्भुवस्सुवरोम् इति दिग्बन्धः ॥

Dhyanam ध्यानम्

आपाताळ-नभस् स्थलान्त-भुवन-ब्रह्माण्डम् आविस्फुरत् ज्योतिस् स्फाटिक-लिङ्ग-मौळि-विलसत्पूर्णेन्दु-वान्तामृतैः । अस्तोकाप्लुतम् एकम् ईशम् अनिशं रुद्रानुवाकाञ्जपन् ध्याये-दीप्सित-सिद्धये ध्रुवपदं विप्रोऽभिषिञ्चे-च्छिवम् ॥ ब्रह्माण्ड-व्याप्तदेहा भसित-हिमरुचा भासमाना भुजङ्गैः कण्ठे कालाः कपर्दाकलित-शशिकलाश् चण्डकोदण्डहस्ताः । त्र्यक्षा रुद्राक्षभूषाः

प्रणतभयहराश् शाम्भवा मूर्तिभेदाः रुद्राः श्रीरुद्रसूक्त-प्रकटितविभवा नः प्रयच्छन्तु सौख्यम् ॥

Shiva Sankalpa Sukta

कैलास शिखरे रम्ये शङ्करस्य शिवालये । देवतास् तत्र मोदन्ति तन्मे मनश् शिवसङ्कल्पमस्तु ॥ शुद्धस्फटिक-सन्काशं शुद्धविद्या प्रदायकम् । शुद्धं पूर्णं चिदानन्दं सदाशिवमहं भजे ॥

शान्ति मन्त्रः

ॐ सह नाववतु । सह नौ भुनक्तु । सह वीर्यं करवावहै । तेजस्विनावधीतमस्तु मा विद्विषावहै ॥ ॐ शान्तिः शान्तिः शान्तिः ॥

Shanti Mantra Essence

May we come together to partake of wisdom. May we enjoy together. May we grow in strength together. May our intellect shine and our study be brilliant. May we not put down each other. Om - Peace in our heart, in our body and in our environs.

Verses for Chanting
the Rudri with Svara

NORTH INDIAN TRADITION
from SHUKLA YAJURVEDA

शुक्ल-यजुर्वेदीय वाजसनेयि-संहिता

RUDRASHTADHYAYI रुद्राष्टाध्यायी

Shrī Shuklayajurvedīya Shrirudrāshtādhyāyīpāthaha
https://www.youtube.com/watch?v=S4UMPRuIWQM

The Namakam section (पञ्चमोऽध्याय) is called **शतरुद्रिय** 100 names of Lord.

<u>विनियोगः तथा षड् - अङ्ग - न्यासः</u>

ॐ मनोजूतिर् इति मन्त्रस्य बृहस्पतिर् ऋषिः । बृहती छन्दः । बृहस्पतिर् देवता । हृदयन्यासे विनियोगः । (offer acamanam water)
ॐ मनोजूतिर् जुषतामाज्यस्य बृहस्पतिर् यज्ञम् इमन्तनोत्वर् इष्टं यज्ञꣳ समिमन्दधातु । विश्वेदेवासऽइह मादयन्तामोँ २ प्रतिष्ठ ।ॐ हृदयाय नमः ॥ १ (touch heart with 5 fingers)

ॐ अबोद्ध्यग्निर् इति मन्त्रस्य बुधगविष्ठिरा ऋषिः । त्रिष्टुप् छन्दः । अग्निर् देवता । शिरोन्यासे विनियोगः । (offer acamanam water)
ॐ अबोद्ध्यग्निः समिधा जनानाम् प्रति धेनु मिवायतीमुषासम् । यह्वाऽ इवप्रवया मुज्जिहानाः प्रभानवः सिस्रते नाकुमच्छ । ॐ शिरसे स्वाहा ॥ २ (touch head)

ॐ मूर्द्धानम् इति मन्त्रस्य भरद्वाज ऋषिः । त्रिष्टुप् छन्दः । अग्निर् देवता । शिखान्यासे विनियोगः । (offer acamanam water)
ॐ मूर्द्धानन्दिवोऽअरतिम्पृथिव्या वैश्वा नरमृतऽ आजातम् अग्निम् । कविꣳ सम्राज मतिथिञ् जनानाम् आसन्ना पात्रञ् जनयन्त देवाः । ॐ शिखायै वषट् ॥ ३ (touch shikha with right thumb)
ॐ मर्म्माणि ते इति मन्त्रस्य अप्रतिरथ ऋषिः । विराट् छन्दः । मर्म्माणि देवता । कवचन्यासे विनियोगः । (offer acamanam water)

ॐ मर्म्माणि ते वर्मणाच्छादयामि सोमस् त्वा राजा मृते नानुवस् ताम् ।
उरोर्वरीयो वरुणस् ते कृणोतु जयन्तन्त्वा नु देवामदन्तु ।ॐ कवचाय हुम् ॥ ४
(touch left shoulder with right hand & vice versa simultaneously)

ॐ विश्वतश् चक्षुर् इति मन्त्रस्य विश्वकर्माभौवन ऋषिः । त्रिष्टुप् छन्दः ।

विश्वकर्मा देवता । नेत्रन्यासे विनियोगः । offer acamanam water
ॐ विश्वतश् चक्षुरुत विश्वतो मुखो विश्वतो बाहुरुत विश्वतस् पात् ।
सम्बाहुभ्यान्धमति सम्पतत्त्रैर्द्यावाभूमी जनयन्देवऽ एकः । ॐ नेत्रत्रयाय
वौषट् ॥ ५ (touch right eye, third eye and left eye with index, middle & ring finger resp.)

ॐ मानस्तोके इति मन्त्रस्य परमेष्ठी ऋषिः । जगती छन्दः । एको रुद्रो देवता

। अस्त्रन्यासे विनियोगः । offer acamanam water
मा नस्तोके तनये मा न आयुषि मा नो गोषु मा नो अश्वेषु रीरिषः । मा नो
वीरान् रुद्र भामिनो वधीर् हविष्मन्तः सदमित्त्वा हवामहे । ॐ अस्त्राय फट्
॥ ६ (make a pradakshina of head with right hand snapping thumb with middle finger, then clap on left hand with index and middle fingers)

ध्यानम् Dhyanam

ध्यायेन्नित्यं महेशं रजतगिरिनिभं चारुचन्द्रावतंसं
रत्नाकल्पोज् ज्वलाङ्गं परशुमृगवराभीति हस्तं प्रसन्नम् । पद्मासीनं समन्तात्
स्तुतममरगणैर् व्याघ्रकृत्तिं वसानं विश्वाद्यं विश्वबीजं निखिलभयहरं पञ्चवक्त्रं
त्रिनेत्रम् ॥

अथ प्रथमोऽध्यायः 1st Chapter

Invoking protection, well-being, innocence, auspiciousness.

श्री गणेशाय नमः । हरिः ॐम ।

गणानान् त्वा गणपतिं हवामहे प्रियाणान् त्वा प्रियपतिं हवामहे निधीनान्
त्वा निधिपतिं हवामहे वसो मम । आहमजानि गर्भधमात् त्वम् अजासि
गर्भधम् ॥ १ ॥ गायत्री त्रिष्टुब् जगत्य नुष्टुप् पङ्क्त्या सह । बृहत् त्युष्णिहा
ककुप्सूचीभिः शम्यन्तु त्वा ॥ २ ॥ द्विपदा याश् चतुष्पदास् त्रिपदा याश् च
षट्पदाः । विच्छन्दा याश्च सच्छन्दास् सूचीभिः शम्यन्तु त्वा ॥ ३ ॥ सहस्
तोमाः सहच्छन्दसऽआवृतः सहप्रमा ऋषयः सप्त दैव्याः । पूर्वेषां
पन्थामनुदृश्य धीराऽअन्वालेभिरे रथ्यो न रश्मीन् ॥ ४ ॥

Shiva Sankalpa

यज् जाग्रतो दूरमुदैति दैवन्त दुसुप्तस्य तथैवैति । दूरङ्गज् ज्योतिषाज्
ज्योतिरेकन् तन्मे मनः शिवसङ्कल्पमस्तु ॥ ५ ॥ येन कर्माण्यपसो मनीषिणो
यज्ञे कृण्वन्ति विदथेषुधीराः । यद् अपूर्वं यक्षमन्तः प्रजानान् तन्मे मनः
शिवसङ्कल्पमस्तु ॥ ६ ॥ यत् प्रज्ञानमुतचेतो धृतिश्च यज् ज्योतिरन्तरमृतं
प्रजासु । यस्मान्नऽऋते किञ्चन कर्म क्रियते तन्मे मनः शिवसङ्कल्पमस्तु ॥ ७
॥ येनेदम् भूतम् भुवनम् भविष्यत् परिगृहीतममृतेन सर्वम् । येन यज्ञस् तायते
सप्त होता तन्मे मनः शिवसङ्कल्पमस्तु ॥ ८ ॥ यस्मिन् ऋचस् साम यजूंषि
यस्मिन् प्रतिष्ठिता रथना भाविवाराः । यस्मिंश् चित्तं सर्वमोतम् प्रजानां तन्मे
मनः शिवसङ्कल्पमस्तु ॥ ९ ॥ सुषारथिरश्वानिव यन् मनुष्यान्ने नीयते
भीशुभिर्वाजिनऽइव । हृत् प्रतिष्ठं यद् अजिरज् जविष्ठन् तन्मे मनः
शिवसङ्कल्पमस्तु ॥ १० ॥

अथ द्वितीयोऽध्यायः 2nd Purusha Suktam

Invoking strength, vigor, greatness, completeness.

हरिः ॐम ।

सहस्रशीर्षा पुरुषः सहस्राक्षः सहस्रपात् । स भूमिꣳ सर्वत स्पृत्त्वात्त्यतिष्ठद् दशाङ्गुलम् ॥ १ ॥ पुरुषऽएवेदꣳ सर्वं यद्भूतं यच्च भाव्यम् । उतामृतत्त्वस्येशानो यद् अन्नेनाति रोहति ॥ २ ॥ एतावानस्य महिमातोज् ज्यायाँ २ श्च पूरुषः । पादोऽस्य विश्वा भूतानि त्रिपादस्यामृतन् दिवि ॥ ३॥ त्रिपादूर्ध्वऽउदैत्पुरुषः पादोऽस्येहाऽऽभवत् पुनः । ततो विष्वङ्व्यक्रामत् साशनानशने अभि ॥ ४ ॥ ततो विराड् अजायत विराजोऽअधिपूरुषः । स जातो अत्यरिच्यत पश्चाद् भूमिम् अथो पुरः॥ ५ ॥ तस्माद् यज्ञात् सर्वहुतꣳ सम्भृतम्पृषदाज्यम् । पशूँस्ताँश्चक्रे वायव्यान् आरण्या ग्राम्याश्च ये ॥ ६ ॥ तस्माद् यज्ञात् सर्वहुतऽऋचꣳ सामानि जज्ञिरे । छन्दाꣳसि जज्ञिरे तस्माद् यजुस् तस्माद् अजायत ॥ ७ ॥ तस्माद् अश्वाऽअजायन्त ये के चोभयादतः । गावो ह जज्ञिरे तस्मात् तस्माज् जाताऽअजावयः ॥ ८ ॥ तं यज्ञम्बर्हिषि प्रौक्षन् पुरुषञ् जातम् अग्रतः । तेन देवा अयजन्त साध्या ऋषयश्च ये ॥ ९ ॥ यत् पुरुषं व्यदधुः कतिधा व्यकल्पयन् । मुखङ्किम् अस्यासीत् किम्बाहू किम् ऊरू पादाऽउच्येते ॥ १० ॥ ब्राह्मणोऽस्य मुखमासीद् बाहू राजन्यꣳ कृतः । ऊरू तदस्य यद् वैश्यः पद्भ्याꣳ शूद्रोऽअजायत ॥ ११ ॥ चन्द्रमा मनसो जातश् चक्षो सूर्यो अजायत । श्रोत्राद् वायुश्च प्राणश्च मुखाद् अग्निर् अजायत ॥ १२ ॥ नाभ्याऽआसीद् अन्तरिक्षꣳ शीर्ष्णो द्यौः समवर्त्तत । पद्भ्याम् भूमिर् दिशꣳ श्रोत्रात् तथा लोकाँ२ । अकल्पयन् ॥ १३॥ यत् पुरुषेण हविषा देवा यज्ञम् अतन्वत । वसन्तोऽस्या सीदाज्यङ् ग्रीष्मऽइध्मः शरद् धविः ॥ १४॥ सप्तास्यासन् परिधयस् त्रिः सप्त समिधः कृताः । देवा यद् यज्ञन्

तन्वानाऽअबध्नन् पुरुषम् पशुम् ॥ १५॥ यज्ञेन यज्ञम् अयजन्त देवास् तानि धर्माणि प्रथमान्यासन् । ते ह नाकम् महिमानः सचन्त यत्र पूर्वे साध्याः सन्ति देवाः ॥ १६॥ अद्भ्यः सम्भृतः पृथिव्यै रसाच्च विश्वकर्मणः समवर्त्तताग्रे । तस्य त्वष्टा विदधद्रूपमेति तन् मर्त्यस्य देवत्वम् आजानम् अग्रे ॥ १७॥ वेदाहमेतं पुरुषं महान्तम् आदित्यवर्णन् तमसः परस्तात् । तमेव विदित्त्वाति मृत्युमेति नान्यः पन्था विद्यतेऽयनाय ॥१८॥ प्रजापतिश्चरति गर्भेऽअन्तरजायमानो बहुधा विजायते । तस्य योनिम् परिपश्यन्ति धीरास् तस्मिन् हतस्थुर् भुवनानि विश्वा ॥ १९ ॥ यो देवेभ्यऽआतपति यो देवानां पुरोहितः । पूर्वो यो देवेभ्यो जातो नमो रुचाय ब्राह्मये ॥ २०॥ रुचं ब्राह्मञ् जनयन्तो देवा अग्रे तद् अब्रुवन् । यस्त्वैवं ब्राह्मणो विद्यात् तस्य देवाऽअसन् वशे ॥ २१॥ श्रीश्च ते लक्ष्मीश्च पत्न्यावहोरात्रे पार्श्वे नक्षत्राणि रूपम् अश्विनौ व्यात्तम् । इष्णन्निषाण अमुंऽइषाण सर्व लोकम् मऽइषाण ॥ २२॥

अथ तृतीयोऽध्यायः 3rd Chapter

Invoking alertness, sharpness, brilliance.

हरिः ॐम ।

आशुः शिशानो वृषभो न भीमो घनाघनः क्षोभणश्चर्षणीनाम् । सङ्क्रन्दनो निमिष एक वीरः शतꣳ सेनाऽअजयत् साकम् इन्द्रः ॥ १ ॥ सङ्क्रन्दनेना निमिषेण जिष्णुना युत् कारेण दुश्च्य वनेन धृष्णुना । तदिन्द्रेण जयत तत् सहध्वं युधो नरऽइषुहस्तेन वृष्णा ॥ २ ॥ सऽइषुहस्तैः सनिषङ्गिभिर्वशीसꣳ स्त्रष्टा सयुधऽइन्द्रो गणेन । सꣳ सृष्टजित् सोमपा बाहु शर्ध्युग्र धन्वा प्रति हिताभिरस्ता ॥ ३ ॥ बृहस्पते परिदीया रथेन रक्षोहामित्राँ२ । अपबाधमानः । प्रभञ् जन्त्सेनाः प्रमृणोयुधा जयन्न् अस्माकमेध्यविताऽरथानाम् ॥ ४ ॥ बलविज्ञाय स्थविरः प्रवीरः सहस्वान् वाजी सहमानऽउग्रः । अभिवीरोऽअभिसत्त्वा सहोजा जैत्रम् इन्द्र रथमा तिष्ठ गोवित् ॥ ५ ॥ गोत्रभिदङ्गोविदं वज्रबाहुञ् जयन्तम् अज्म प्रमृणन्तमोजसा । इमꣳ सजाताऽअनुवीरयद्ध्वमिन्द्रꣳ सखायोऽ अनुसꣳ रभध्वम् ॥ ६ ॥ अभि गोत्राणि सहसा गाहमानो दयोवीरः शतमन्युर् इन्द्रः । दुश्च यवनः पृतनाषाड युद्ध्योऽस्माकꣳ सेनाऽअवतु प्रयुत्सु ॥ ७ ॥ इन्द्रऽआसान् नेता बृहस्पतिर् दक्षिणा यज्ञः पुर एतुऽसोमः । देव सेनानाम् अभिभञ्जतीनाञ् जयन्तीनाम् मरुतो यन्त्वग्रम् ॥ ८ ॥ इन्द्रस्य वृष्णो वरुणस्य राज्ञ आदित्यानाम् मरुताꣳ शर्द्ध उग्रम् । महामनसाम् भुवनच्यवानाङ् घोषो देवानाञ् जयता मुदस्थात् ॥ ९ ॥ उद्धर्षय मघवन्ना युधान् युत्सत्त्वनाम् मामकानाम् मनाꣳसि । उद् वृत्रहन् वाजिनां वाजिनां युद्रथानाञ् जयतां यन्तु घोषाः ॥ १० ॥ अस्माकम् इन्द्रः समृतेषु ध्वजेष्वस्माकं या इषवस्ता जयन्तु । अस्माकं वीरा उत्तरे भवन्त्वस्माँ२ । उदेवा अवता हवेषु ॥ ११ ॥ अमीषाञ् चित्तम् प्रतिलोभयन्ती गृहाणाङ्गान् यप्वे परेहि । अभि प्रेहि निर्दह हृत्सु शोकै रन्धेना मित्रास् तमसा सचन्ताम् ॥ १२ ॥ अवसृष्टा परापत शरव्ये ब्रह्म सꣳ शिते । गच्छामित्रान्

प्रपद्यस्व मामीषाङ् कञ्चनोच्छिषः ॥ १३ ॥ प्रेता जयता नर इन्द्रो वः शर्म यच्छतु । उग्रा वः सन्तु बाहवो नाधृष्या यथासथ ॥ १४ ॥ असौ या सेना मरुतः परेषाम् अभ्यैति न ओजसा स्पर्धमाना । ताङ् गूहत तमसा पव्रतेन यथामी अन्यो अन्यन् अजानन् ॥ १५ ॥ यत्र बाणाः सम्पतन्ति कुमारा विशिखा इव । तन्न इन्द्रो बृहस्पतिर् अदितिः शर्म्म यच्छतु विश्वाहा शर्म्म यच्छतु ॥ १६ ॥ मर्म्माणि ते वर्मणा छादयामि सोमस्त्वा राजाऽमृतेनानु वस्ताम् । उरोर्वरीयो वरुणस्ते कृणोतु जयन्तन् त्वाऽनु देवामदन्तु ॥ १७ ॥

अथ चतुर्थोऽध्यायः 4th Chapter

Harnessing the mighty forces of nature.

हरिः ॐम ।

विभ्राड् बृहत् पिबतु सोम्यम् मध्वा युर्द्दधद् यज्ञपता वविहुतम् । वात जूतो यो अभिरक्षत्मना प्रजाः पुपोष पुरुधा विराजति ॥ १ ॥ उदुत्यञ् जातवेद सन्देवं वहन्ति केतवः । दृशे विश्वाय सूर्यम् ॥ २ ॥ येना पावक चक्षसा भुरण्यन् तञ् जनाँ२ । अनु । त्वं वरुण पश्यसि ॥ ३ ॥ दैव्या वध्वर्यू आगतङ्ग रथेन सूर्य त्वचा । मध्वा यज्ञङ्ग समञ्जाथे । तम् प्रत्क्कथा अयं वेनश्चित्रन् देवानाम् ॥ ४ ॥ तम् प्रत्क्कथा पूर्वथा विश्वथेमथा ज्येष्ठतातिम् बर्हिषदंं स्वर्विदम् । प्रतीचीनं वृजनन् दोहसे धुनिमाशुञ् जयन्तमनु या सुवर्द्धसे ॥ ५ ॥ अयं वेनश् चोदयत्पृश्नि गर्भा ज्योतिर् जरायू रजसोविमाने । इममु पांं सङ्गमे सूर्यस्य शिशुन् न विप्रा मतिभीरिहन्ति ॥ ६ ॥ चित्रन् देवानाम् उदगाद् अनीकुञ् चक्षुर् मित्रस्य वरुणस्य अग्नेः । आप्रा द्यावा पृथिवी अन्तरिक्षङ्ग सूर्य आत्मा जगतस् तस्थुषश्च ॥ ७ ॥ आन इडाभिर् विदथे सुशस्ति विश्वानरस् सविता देव एतु । अपियथा युवानो मत्सथा नो विश्वञ् जगदभि पित्त्वे मनीषा ॥ ८ ॥ यद् अद्य कच्च वृत्रहन्नुदगा अभि सूर्य । सर्वन् तद् इन्द्र ते वशे ॥ ९ ॥ तरणिर् विश्वदर्शतो ज्योतिष् कृदसि सूर्य । विश्व मा भासि रोचनम् ॥ १० ॥ तत् सूर्यस्य देवत्वन् तन् महित्वम् अध्या कर्त्तोर् विततङ्ग सञ्जभार । यदेदयुक्त हरितः सधस्थादाद् द्रात्री वासस् तनुते सिमस्मै ॥ ११ ॥ तन् मित्रस्य वरुणस्य अभिचक्षे सूर्यो रूपङ् कृणुते द्योरुपस्थे । अनन्त मन्यद् द्रुशदस्य पाजः कृष्णमन्यद् धरितः सम्भरन्ति ॥ १२ ॥ बण्महाँ २ । असि सूर्य बडादित्त्य महाँ२ । असि । महस्ते सतो महिमा पनस्य तेद्धा देव महाँ२ । असि ॥ १३ ॥ बट् सूर्य श्रवसा महाँ२ । असि सत्रा देव महाँ२ । असि । मन्न्हा देवानामसुर्यः पुरोहितो विभु ज्योतिर् अदाभ्यम् ॥ १४ ॥ श्रायन्त इव सूर्य विश्वेद् इन्द्रस्य भक्षत । वसूनि जातेजनमान ओजसा प्रतिभागन् न दीधिम्

॥ १५ ॥ अ॒द्या दे॑वा॒ उदि॑ता॒ सूर्य॑स्य॒ निरꣳ॑ह॒सः पि॑पृ॒ता निर॑व॒द्य्यात् । तन्नो॑ मि॒त्रो वरु॑णो मामहन्ता॒मदि॑तिः॒ सिन्धुः॑ पृथि॒वी उ॒त द्यौः ॥ १६ ॥ आकृ॒ष्णेन॒ रज॑सा॒ वर्त॑मानो निवे॒शय॑न्न॒मृतं॒ मर्त्यं॑ च । हि॒र॒ण्यये॑न सवि॒ता र॒थेना दे॒वो या॑ति॒ भुव॑नानि॒ पश्य॑न् ॥ १७ ॥

अथ पञ्चमोऽध्यायः 5th Chapter Namakam

Honoring the good, the bad, the beautiful and the ugly. Being grateful for life and death, property and resources, health and relationships, moods and transitions.

हरिः ॐम । भूर् भुवस् स्वः । Mādhyandina-Vājasaneyi-Saṁhitā Chapter 16 Verses 1-66

https://www.youtube.com/watch?v=y5AdRiT2wq0

ॐ नमस्ते रुद्र मन्यवं उतोत इषवे नमः । बाहुभ्यामुत ते नमः । १ । या ते
रुद्र शिवा तनूरघोराऽपापकाशिनी । तया नस्तन्वा शन्तमया
गिरिशन्ताभिचाकशीहि । २ । यामिषुङ्गिरिशन्त हस्ते बिभर्ष्यस्तवे । शिवाङ्
गिरित्र ताङ् कुरु मा हिंसीः पुरुषञ् जगत् । ३ । शिवेन वचसा त्वा
गिरिशाच्छावदामसि । यथा नः सर्वमिजगदयक्ष्मः सुमना असत् ।४ ।
अध्यवोचदधिवक्ता प्रथमो दैव्यो भिषक् । अहींश्च सर्वाञ् जम्भयन्त्सर्वाश्च
यातुधान्योऽधराचीः परासुव ।५ । असौ यस्ताम्रो अरुण उत बभ्रुः सुमङ्गलः
। ये चैनः रुद्रा अभितो दिक्षु श्रिताः सहस्रशोऽवैषाः हेड ईमहे ।६ । असौ
योऽवसर्पति नीलग्रीवो विलोहितः । उतैनङ्गोपा अदृशन्नदृशन् नुदहार्यः स दृष्टो
मृडयाति नः ।७ । नमोस्तु नीलग्रीवाय सहस्राक्षाय मीढुषे । अथो ये अस्य
सत्वानोऽहन् तेभ्योऽकरन् नमः । ८ । प्रमुञ्च धन्वनस् त्वम् उभयो
रात्र्योर्ज्याम् । याश्च ते हस्त इषवः परा ता भगवो वप । ९ । विज्यन् धनुः
कपर्दिनो विशल्यो बाणवाँ२ । उत । अनेशन्नस्य याऽइषव आभुरस्य
निषङ्गधिः । १० । या ते हेतिर्मीढुष्टम हस्ते बभूव ते धनुः । तयाऽस्मान्
विश्वतस्त्वमयक्ष्मया परिब्भुज । ११ । परि ते धन्वनो हेतिर् अस्मान् वृणक्तु
विश्वतः । अथो यऽइषुधिस्तवारे अस्मन् निधेहि तम् । १२ । अवतत्य
धनुष्ट्वं सहस्राक्ष शतेषुधे । निशीर्य शल्यानाम् मुखा शिवो नः सुमना भव ।
१३ । नमस्त आयुधायानातताय धृष्णवे । उभाभ्यामुत ते नमो बाहुभ्यान् तव

धन्वने । १४ । मा नो महान्तमुत मा नो अर्भकं मा न उक्षन्तमुत मा न उक्षितम् । मा नोऽवधीः पितरं मोत मातरं मा नः प्रियास्तन्वो रुद्र रीरिषः । १५ । मा नस्तोके तनये मा न आयुषि मा नो गोषु मा नो अश्वेषु रीरिषः । मा नो वीरान् रुद्र भामिनो वधीर् हविष्मन्तः सदमित्त्वा हवामहे । १६ ।

नमो हिरण्यबाहवे सेनान्ये दिशाञ् च पतये नमो नमो वृक्षेभ्यो हरिकेशेभ्यः पशूनां पतये नमो नमः शष्पिञ्जराय त्विषीमते पथीनां पतये नमो नमो हरिकेशायोपवीतिने पुष्टानां पतये नमो । १७ । नमो बभ्लुशाय व्याधिनेऽन्नानां पतये नमो नमो भवस्य हेत्यै जगतां पतये नमो नमो रुद्रायाततायिने क्षेत्राणां पतये नमो नमः सूतायाहन्त्यै वनानां पतये नमो । १८ । नमो रोहिताय स्थपतये वृक्षाणां पतये नमो नमो भुवन्तये वारिवस्कृता यौषधीनां पतये नमो नमो मन्त्रिणे वाणिजाय कक्षाणां पतये नमो नम उच्चैर् घोषाया क्रन्दयते पत्तीनां पतये नमो । १९ ।

नमः कृत्स्नायतया धावते सत्त्वनां पतये नमो नमः सहमानाय निव्याधिन आव्याधिनीनां पतये नमो नमो निषङ्गिणे ककुभाय स्तेनानां पतये नमो नमो निचेरवे परिचरायारण्यानां पतये नमो । २० । नमो वञ्चते परिवञ्चते स्तायूनां पतये नमो नमो निषङ्गिण इषुधिमते तस्कराणां पतये नमो नमः सृकायिभ्यो जिघांꣳसद्भ्यो मुष्णतां पतये नमो नमोऽसिमद्भ्यो नक्तंचरद्भ्यो विकृन्तानां पतये नमः । २१ । नम उष्णीषिणे गिरिचराय कुलुञ्चानां पतये नमो नम इषुमद्भ्यो धन्वाविभ्यश्च वो नमो नम आतन्वानेभ्यः प्रतिदधानेभ्यश्च वो नमो नम आयच्छद्भ्यो स्यद्भ्यश्च वो नमो । २२ । नमो विसृजद्भ्यो विध्यद्भ्यश्च वो नमो नमः स्वपद्भ्यो जाग्रद्भ्यश्च वो नमो नमः शयानेभ्य आसीनेभ्यश्च वो नमो नमस् तिष्ठद्भ्यो धावद्भ्यश्च वो नमो । २३ ।

नम॑ः स॒भाभ्य॑ः स॒भाप॑तिभ्यश्च वो॒ नमो॒ नमोऽश्वे॑भ्योऽश्व॑पतिभ्यश्च वो॒ नमो॒ नम
आव्या॒धिनी॑भ्यो वि॒विध्य॑न्तीभ्यश्च वो॒ नमो॒ नम॒ उग॑णाभ्यस्तृꣳह॒तीभ्य॑श्च वो॒ नमो॒
। २४ । नमो॑ ग॒णेभ्यो॑ ग॒णप॑तिभ्यश्च वो॒ नमो॒ नमो॒ व्राते॑भ्यो॒ व्रात॑पतिभ्यश्च वो॒
नमो॒ नमो॒ गृत्से॑भ्यो॒ गृत्स॑पतिभ्यश्च वो॒ नमो॒ नमो॒ विरू॑पेभ्यो वि॒श्वरू॑पेभ्यश्च वो॒
नमो॒ । २५ । नम॒ः सेना॑भ्यः सेना॒निभ्य॑श्च वो॒ नमो॒ नमो॑ र॒थिभ्यो॑ऽर॒थेभ्य॑श्च वो॒
नमो॒ नम॑ः क्ष॒त्तृभ्य॑ः सङ्ग्रही॒तृभ्य॑श्च वो॒ नमो॒ नमो॑ म॒हद्भ्यो॑ अर्भ॒केभ्य॑श्च वो॒ नम॑ः
। २६ । नम॒स् तक्ष॑भ्यो रथका॒रेभ्य॑श्च वो॒ नमो॒ नम॒ः कुला॑लेभ्यः क॒र्मारे॑भ्यश्च वो॒
नमो॒ नमो॑ निषा॒देभ्य॑ः पु॒ञ्जिष्टे॑भ्यश्च वो॒ नमो॒ नम॑ः श्व॒निभ्यो॑ मृग॒युभ्य॑श्च वो॒ नमो॒ ।
२७ । नम॒ः श्वभ्य॒ः श्वप॑तिभ्यश्च वो॒ नमो॒ नमो॑ भ॒वाय॑ च रु॒द्राय॑ च॒ नम॑ः श॒र्वाय॑
च पशु॒पत॑ये च॒ नमो॒ नील॑ग्रीवाय च शिति॒कण्ठा॑य च॒ । २८ ।

नम॑ः कप॒र्दिने॑ च॒ व्यु॑प्तकेशाय च॒ नम॑ः सहस्रा॒क्षाय॑ च श॒तध॑न्वने च॒ नमो॑
गिरिश॒याय॑ च शिपिवि॒ष्टाय॑ च॒ नमो॑ मी॒ढुष्ट॑माय॒ चेषु॑मते च॒ । २९ । नमो॑
ह्र॒स्वाय॑ च वाम॒नाय॑ च॒ नमो॑ बृह॒ते च॒ वर्षी॑यसे च॒ नमो॑ वृ॒द्धाय॑ च स॒वृधे॑ च॒ नमो
अग्र्या॑य च प्रथ॒माय॑ च॒ । ३० । नम॑ आ॒शवे॑ चाजि॒राय॑ च॒ नम॒ः शीघ्र्या॑य च॒
शीभ्या॑य च॒ नम॒ ऊर्म्या॑य चावस्व॒न्या॑य च॒ नमो॑ नादे॒याय॑ च॒ द्वीप्या॑य च । ३१ ।

नमो॑ ज्ये॒ष्ठाय॑ च कनि॒ष्ठाय॑ च॒ नम॑ः पूर्व॒जाय॑ चापर॒जाय॑ च॒ नमो॑ मध्य॒माय॑
चापग॒ल्भाय॑ च॒ नमो॑ जघ॒न्या॑य च बु॒ध्न्या॑य च॒ । ३२ । नम॒ः सोभ्या॑य च
प्रतिस॒र्या॑य च॒ नमो॒ याम्या॑य च॒ क्षेम्या॑य च॒ नम॒ः श्लोक्या॑य चाऽवसा॒न्या॑य च॒
नम॑ उर्व॒र्या॑य च॒ खल्या॑य च॒ । ३३ । नमो॒ वन्या॑य च॒ कक्ष्या॑य च॒ नम॑ः श्र॒वाय॑ च
प्रतिश्र॒वाय॑ च॒ नम॑ आ॒शुषे॑णाय चा॒शुर॑थाय च॒ नम॒ः शूरा॑य चावभे॒दिने॑ च॒ । ३४
। नमो॑ बि॒ल्मिने॑ च कव॒चिने॑ च॒ नमो॑ व॒र्मिणे॑ च वरू॒थिने॑ च॒ नम॑ः श्रु॒ताय॑ च
श्रुतसे॒नाय॑ च॒ नमो॑ दुन्दु॒भ्या॑य चाहन॒न्या॑य च॒ । ३५ ।

नमो धृष्णवे च प्रमृशाय च नमो निषङ्गिणे चेषुधिमते च नमस्तीक्ष्णेषवे चायुधिने च नमः स्वायुधाय च सुधन्वने च । ३६ । नमः स्रुत्याय च पथ्याय च नमः काट्याय च नीप्याय च नमः कुल्याय च सरस्याय च नमो नादेयाय च वैशन्ताय च । ३७ । नमः कूप्याय चावट्याय च नमो वीध्र्याय चातप्याय च नमो मेघ्याय च विद्युत्याय च नमो वर्ष्याय चावर्ष्याय च । ३८ ।

नमो वात्याय च रेष्म्याय च नमो वास्तव्याय च वास्तुपाय च नमः सोमाय च रुद्राय च नमस् ताम्राय चारुणाय च । ३९ । नमः शङ्गवे च पशुपतये च नम उग्राय च भीमाय च नमोऽग्रेवधाय च दूरेवधाय च नमो हन्त्रे च हनीयसे च नमो वृक्षेभ्यो हरिकेशेभ्यो नमस् ताराय । ४० । नमः शम्भवाय च मयोभवाय च नमः शङ्कराय च मयस्कराय च **नमः शिवाय** च शिवतराय च । ४१ । नमः पार्याय चावार्याय च नमः प्रतरणाय चोत्तरणाय च नमस् तीर्थ्याय च कूल्याय च नमः शष्प्याय च फेन्याय च । ४२ । नमः सिकत्त्याय च प्रवाह्याय च नमः किꣳशिलाय च क्षयणाय च नमः कपर्दिने च पुलस्तये च नम इरिण्याय च प्रपथ्याय च । ४३ ।

नमो व्रज्याय च गोष्ठ्याय च नमस् तल्प्याय च गेह्याय च नमो हृदय्याय च निवेष्प्याय च नमः काट्याय च गह्वरेष्ठाय च । ४४ । नमः शुष्क्याय च हरित्याय च नमः पाꣳसव्याय च रजस्याय च नमो लोप्याय चोलप्याय च नम ऊर्व्याय च सूर्व्याय च । ४५ । नमः पर्णाय च पर्णशदाय च नम उद्गुरमाणाय चाभिघ्नते च नम आखिदते च प्रखिदते च नम इषुकृद्भ्यो धनुष्कृद्भ्यश्च वो नमो नमो वः किरिकेभ्यो देवानाꣳ हृदयेभ्यो नमो विचिन्वत्केभ्यो नमो विक्षिणत्केभ्यो नम आनिर्हतेभ्यः । ४६ ।

द्रापे अन्धसस्पते दरिद्र नीललोहित । आसां प्रजानाम् एषाम् पशूनाम् मा भेर्माऽरोङ्मो चनः किञ्चनाममत् । ४७ । इमा रुद्राय तवसे कपर्दिने क्षयद्वीराय प्रभरामहे मतीः । यथा शमसद् द्विपदे चतुष्पदे विश्वं पुष्टङ् ग्रामे अस्मिन्ननातुरम् । ४८ । या ते रुद्र शिवा तनूः शिवा विश्वाहा भेषजी । शिवा रुतस्य भेषजी तया नो मृड जीवसे । ४९ । परिणो रुद्रस्य हेतिर्वृणक्तु परि त्वेषस्य दुर्मतिर् अघायोः । अव स्थिरा मघवद्भ्यस्तनुष्व मीढ्वस्तोकाय तनयाय मृड । ५० । मीढुष्टम शिवतम शिवो नः सुमना भव । परमे वृक्ष आयुधन् निधाय कृत्तिं वसान आचर पिनाकं बिभ्रदागहि । ५१ । विकिरिद विलोहित नमस्ते अस्तु भगवः । यास्ते सहस्रꣳ हेतयोऽन्यम् अस्मन्निवपन्तु ताः । ५२ । सहस्राणि सहस्रशो बाह्वोस्तव हेतयः । तासामीशानो भगवः पराचीना मुखा कृधि । ५३ ।

असङ्ख्याता सहस्राणि ये रुद्रा अधि भूम्याम् । तेषाꣳ सहस्रयोजनेऽवधन्वानि तन्मसि । ५४ । अस्मिन् महत्यर्णवेऽन्तरिक्षे भवा अधि । तेषाꣳ सहस्रयोजनेऽवधन्वानि तन्मसि । ५५ । नीलग्रीवाः शितिकण्ठा दिवꣳ रुद्रा उपश्रिताः । तेषाꣳ सहस्रयोजनेऽवधन्वानि तन्मसि । ५६ । नीलग्रीवाः शितिकण्ठाः शर्वा अधः क्षमाचराः । तेषाꣳ सहस्रयोजनेऽवधन्वानि तन्मसि । ५७ । ये वृक्षेषु शष्पिञ्जरा नीलग्रीवा विलोहिताः । तेषाꣳ सहस्रयोजनेऽवधन्वानि तन्मसि । ५८ । ये भूतानाम् अधिपतयो विशिखासः कपर्दिनः। तेषाꣳ सहस्रयोजनेऽवधन्वानि तन्मसि । ५९ । ये पथां पथिरक्षय ऐलबृदा आयुर्युधः । तेषाꣳ सहस्रयोजनेऽवधन्वानि तन्मसि । ६० । ये तीर्थानि प्रचरन्ति सृकाहस्ता निषङ्गिणः । तेषाꣳ सहस्रयोजनेऽवधन्वानि तन्मसि । ६१ । येऽन्नेषु विविध्यन्ति पात्रेषु पिबतो जनान् । तेषाꣳ सहस्रयोजनेऽवधन्वानि तन्मसि । ६२ । य एतावन्तश्च भूयाꣳसश्च दिशो रुद्रा वितस्थिरे । तेषाꣳ सहस्रयोजनेऽवधन्वानि तन्मसि । ६३ ।

नमो॑ऽस्तु रु॒द्रेभ्यो॒ ये दि॒वि येषाँ॑ व॒र्षमिष॑वः। तेभ्यो॒ दश॒ प्राची॒र्दश॑ दक्षि॒णा दश॑ प्रती॒चीर्दशोदी॑ची॒र्दशो॒र्ध्वाः । तेभ्यो॒ नमो॑ अस्तु ते नो॑ऽवन्तु ते नो॑ मृडयन्तु ते यन् द्वि॒ष्मो यश्च॑ नो॒ द्वेष्टि॒ तम् एषा॒ञ् जम्भे॑ दध्मः । ६४ ।

नमो॑ऽस्तु रु॒द्रेभ्यो॒ ये॒ऽन्तरि॑क्षे येषाँ॒वात॒ इष॑वः । तेभ्यो॒ दश॒ प्राची॒र्दश॑ दक्षि॒णा दश॑ प्रती॒चीर्दशोदी॑ची॒र्दशो॒र्ध्वाः । तेभ्यो॒ नमो॑ अस्तु ते नो॑ऽवन्तु ते नो॑ मृडयन्तु ते यन् द्वि॒ष्मो यश्च॑ नो॒ द्वेष्टि॒ तम् एषा॒ञ् जम्भे॑ दध्मः । ६५ ।

नमो॑ऽस्तु रु॒द्रेभ्यो॒ ये पृ॑थि॒व्यां येषा॒मन्न॒म् इष॑वः । तेभ्यो॒ दश॒ प्राची॒र्दश॑ दक्षि॒णा दश॑ प्रती॒चीर्दशोदी॑ची॒र्दशो॒र्ध्वाः । तेभ्यो॒ नमो॑ अस्तु ते नो॑ऽवन्तु ते नो॑ मृडयन्तु ते यन् द्वि॒ष्मो यश्च॑ नो॒ द्वेष्टि॒ तम् एषा॒ञ् जम्भे॑ दध्मः ॥ ६६ ॥

अथ षष्ठोऽध्यायः 6th Chapter

Imploring a safe passage, overcoming temptations and incorrect notions.
https://www.youtube.com/watch?v=QDv46yW5aPA Play from 8min onwards.

हरिः ॐम ।

वयꣳ सोमव्रतेतवमनस् तनूषुबिभ्रतः । प्रजावन्तः सचेमहि ॥ १ ॥ एषते रुद्र
भागः सहस्वस्राऽम्बिकयातञ् जुषस्वस् वाहैषते रुद्र भाग आखुस् ते पशुः ॥
२ ॥ अव रुद्र मदीहूयवदेवन् त्र्यम्बकम् । यथानोवस्य सस्करद् यथानः श्रेयस
स्करद् यथानो व्यवसाययात् ॥ ३ ॥ भेषजमसि भेषजङ्गवेऽश्वाय पुरुषाय
भेषजम् । सुखम् एषायमेष्यै ॥ ४ । त्र्यम्बकं यजामहे सुगन्धिम् पुष्टिवर्धनम् ।
उर्वारुकमिव बन्धनान् मृत्योर् मुक्षीय माऽमृतात् ॥ त्र्यम्बकं यजामहे
सुगन्धिम् पतिवेदनम् । उर्वारुकमिव बन्धनाद् इतो मुक्षीय मामुतः ॥ ५ ॥
एतत् ते रुद्राऽवसन्तेन परोमूजवतोऽतीहि । अव तत् अधन्वापिनाकावसः
कृत्ति वासा अहिꣳ सन्नः शिवोऽतीहि ॥ ६ ॥ त्र्यायुषञ् जमदग्नेः कश्यपस्य
त्र्यायुषम् । यद् देवेषु त्र्यायुषन् तन्नो अस्तु त्र्यायुषम् ॥ ७ ॥ शिवो नामासि
स्वधितिस्ते पिता नमस्ते अस्तु मामाहिꣳ सीः । निवर्त्त याम्यायुषेऽन्नाद्याय
प्रजननाय रायस् पोषाय सुप्रजास्त्वाय सुवीर्याय ॥ ८ ॥

अथ सप्तमोऽध्यायः 7th Chapter

Imploring a dilution of deeply set patterns and emotions, and ushering forgiveness.

हरिः ॐम ।

उग्रश्च भीमश्च ध्वान्तश्च धुनिश्च । सासह्वाँश्चाभियुग्वा च विक्षिपस् स्वाहा ॥ १ ॥ अग्निꣳ हृदये नाशनिꣳ हृदयाग्रेण पशुपतिङ् कृत्स्नहृदयेन भवं यक्ना । शर्वं मतस्नाभ्यामीशानम् मन्युना महादेवम् अन्तः पर्शव्येनोग्रन् देवं वनिष्ठुना वसिष्ठहनुः शिङ्गीनि कोश्याभ्याम् ॥ २ ॥ उग्रँ लोहितेन मित्रꣳ सौव्रत्येन रुद्रन् दौर्व्रत्ये नेन्द्रम् पक्रीडेन मरुतो बलेन साध्यान् प्रमुदा । भवस्य कण्ठ्यꣳ रुद्रस्यान्तः । पार्श्व्यं महादेवस्य यकृच्छर्वस्य वनिष्ठुः पशुपतेः पुरीतत् ॥ ३ ॥ लोम् अभ्यः स्वाहा लोम् अभ्यः स्वाहा त्वचे स्वाहा त्वचे स्वाहा । लोहिताय स्वाहा लोहिताय स्वाहा मेदोभ्यः स्वाहा मेदोभ्यः स्वाहा । माꣳ सेभ्यः स्वाहा माꣳ सेभ्यः स्वाहा स्नावभ्यः स्वाहा स्नावभ्यः स्वाहा अस्थभ्यः स्वाहा अस्थभ्यः स्वाहा । मज्जभ्यः स्वाहा मज्जभ्यः स्वाहा रेतसे स्वाहा पायवे स्वाहा ॥ ४ ॥ आयासाय स्वाहा प्रायासाय स्वाहा संयासाय स्वाहा वियासाय स्वाहोद्यासाय स्वाहा । शुचे स्वाहा शोचते स्वाहा शोचमानाय स्वाहा शोकाय स्वाहा ॥ ५ ॥ तपसे स्वाहा तप्यते स्वाहा तप्यमानाय स्वाहा तप्ताय स्वाहा । घर्माय स्वाहा निष्कृत्यै स्वाहा प्रायश्चित्यै स्वाहा भेषजाय स्वाहा ॥ ६ ॥ यमाय स्वाहा अन्तकाय स्वाहा मृत्यवे स्वाहा । ब्रह्मणे स्वाहा ब्रह्महत्यायै स्वाहा विश्वेभ्यो देवेभ्यः स्वाहा द्यावा पृथिवीभ्याꣳ स्वाहा ॥ ७॥

अथ अष्टमोऽध्यायः 8th Chapter Chamakam

Seeing the oneness in creation, the unity in diversity, the divine in all, and seeking all sorts of wealth and abundance and fulfilment.

Mādhyandina-Vājasaneyi-Saṁhitā Chapter 18 Verses 1-29
https://www.youtube.com/watch?v=StaMxZ-PVTM

हरिः ॐम ।
वाजश्च मे प्रसवश्च मे प्रयतिश्च मे प्रसितिश्च मे धीतिश्च मे क्रतुश्च मे स्वरश्च मे श्लोकश्च मे श्रवश्च मे श्रुतिश्च मे ज्योतिश्च मे स्वश्च मे यज्ञेन कल्पन्ताम् । १ । प्राणश्च मेऽपानश्च मे व्यानश्च मेऽसुश्च मे चित्तञ् च म आधीतञ् च मे वाक् च मे मनश्च मे चक्षुश्च मे श्रोत्रञ् च मे दक्षश्च मे बलञ् च मे यज्ञेन कल्पन्ताम् । २ । ओजश्च मे सहश्च म आत्मा च मे तनूश्च मे शर्म च मे वर्म च मेऽङ्गानि च मेऽस्थीनि च मे परूꣳषि च मे शरीराणि च म आयुश्च मे जरा च मे यज्ञेन कल्पन्ताम् । ३ ।

ज्यैष्ठ्यञ् च म आधिपत्यञ् च मे मन्युश्च मे भामश्च मेऽमश्च मेऽम्भश्च मे जेमा च मे महिमा च मे वरिमा च मे प्रथिमा च मे वर्षिमा च मे द्राघिमा च मे वृद्धञ् च मे वृद्धिश्च मे यज्ञेन कल्पन्ताम् । ४ । सत्यञ् च मे श्रद्धा च मे जगच्च मे धनञ् च मे विश्वञ् च मे महश्च मे क्रीडा च मे मोदश्च मे जातञ् च मे जनिष्यमाणञ् च मे सूक्तञ् च मे सुकृतञ् च मे यज्ञेन कल्पन्ताम् । ५ । ऋतञ् च मेऽमृतञ् च मेऽयक्ष्मञ् च मेऽनामयच्च मे जीवातुश्च मे दीर्घायुत्वञ् च मेऽनमित्रञ् च मेऽभयञ् च मे सुगञ् च मे शयनञ् च मे सूषा च मे सुदिनञ् च मे यज्ञेन कल्पन्ताम् । ६ । यन्ता च मे धर्ता च मे क्षेमश्च मे धृतिश्च मे विश्वञ् च मे महश्च मे संविच्च मे ज्ञात्रञ् च मे सूश्च मे प्रसूश्च मे सीरञ् च मे लयश्च मे यज्ञेन कल्पन्ताम् । ७ ।

शञ् च मे मयश्च मे प्रियञ् च मेऽनुकामश्च मे कामश्च मे सौमनसश्च मे भगश्च मे द्रविणञ् च मे भद्रञ् च मे श्रेयश्च मे वसीयश्च मे यशश्च मे यज्ञेन कल्पन्ताम् । ८ ।

ऊर्क्च मे सूनृता च मे पयश्च मे रसश्च मे घृतञ् च मे मधु च मे सग्धिश्च मे सपीतिश्च मे कृषिश्च मे वृष्टिश्च मे जैत्रञ् च म औद्भिद्यञ् च मे यज्ञेन कल्पन्ताम् । ९ । रयिश्च मे रायश्च मे पुष्टञ् च मे पुष्टिश्च मे विभु च मे प्रभु च मे पूर्णञ् च मे पूर्णतरञ् च मे कुयवञ् च मे क्षितञ् च मेऽन्नञ् च मेऽक्षुच्च मे यज्ञेन कल्पन्ताम् । १० । वित्तञ् च मे वेद्यञ्च मे भूतञ् च मे भविष्यच्च मे सुगञ् च मे सुपथ्यञ्च म ऋद्धञ् च म ऋद्धिश्च मे क्लृप्तञ् च मे क्लृप्तिश्च मे मतिश्च मे सुमतिश्च मे यज्ञेन कल्पन्ताम् । ११ । व्रीहयश्च मे यवाश्च मे माषाश्च मे तिलाश्च मे मुद्गाश्च मे खल्वाश्च मे प्रियङ्गवश्च मेऽणवश्च मे श्यामाकाश्च मे नीवाराश्च मे गोधूमाश्च मे मसुराश्च मे यज्ञेन कल्पन्ताम् । १२ ।

अश्मा च मे मृत्तिका च मे गिरयश्च मे पर्वताश्च मे सिकताश्च मे वनस्पतयश्च मे हिरण्यञ् च मेऽयश्च मे श्यामञ् च मे लोहञ् च मे सीसञ् च मे त्रपु च मे यज्ञेन कल्पन्ताम् । १३ । अग्निश्च म आपश्च मे वीरुधश्च म ओषधयश्च मे कृष्टपच्याश्च मेऽकृष्टपच्याश्च मे ग्राम्याश्च मे पशव आरण्याश्च मे वित्तञ् च मे वित्तिश्च मे भूतञ् च मे भूतिश्च मे यज्ञेन कल्पन्ताम् । १४ । वसु च मे वसतिश्च मे कर्म च मे शक्तिश्च मेऽर्थश्च म एमश्च मऽइत्त्या च मे गतिश्च मे यज्ञेन कल्पन्ताम् । १५ ।

अग्निश्च म इन्द्रश्च मे सोमश्च म इन्द्रश्च मे सविता च म इन्द्रश्च मे सरस्वती च म इन्द्रश्च मे पूषा च म इन्द्रश्च मे बृहस्पतिश्च म इन्द्रश्च मे यज्ञेन कल्पन्ताम् । १६ । मित्रश्च म इन्द्रश्च मे वरुणश्च म इन्द्रश्च मे धाता च म इन्द्रश्च मे त्वष्टा च म

इन्द्रश्च मे मुरुतश्च म इन्द्रश्च मे विश्वे च मे देवा इन्द्रश्च मे यज्ञेन कल्पन्ताम् । १७ । पृथिवी च म इन्द्रश्च मेऽन्तरिक्षञ् च म इन्द्रश्च मे द्यौश्च म इन्द्रश्च श्च मे समाश्च म इन्द्रश्च मे नक्षत्राणि च म इन्द्रश्च मे दिशश्च म इन्द्रश्च मे यज्ञेन कल्पन्ताम् । १८ ।

अꣳशुश्च मे रश्मिश्च मेऽदाभ्यश्च मेऽधिपतिश्च म उपाꣳशुश्च मेऽन्तर्यामश्च म ऐन्द्रवायवश्च मे मैत्रावरुणश्च म आश्विनश्च मे प्रतिप्रस्थानश्च मे शुक्रश्च मे मन्थी च मे यज्ञेन कल्पन्ताम् । १९ । आग्रयणश्च मे वैश्वदेवश्च मे ध्रुवश्च मे वैश्वानरश्च म ऐन्द्राग्नश्च मे महावैश्वदेवश्च मे मरुत्त्वतीयाश्च मे निष्केवल्यश्च मे सावित्रश्च मे सारस्वतश्च मे पात्नीवतश्च मे हारियोजनश्च मे यज्ञेन कल्पन्ताम् । २० ।

स्रुचश्च मे चमसाश्च मे वायव्यानि च मे द्रोणकलशश्च मे ग्रावाणश्च मेऽधिषवणे च मे पूतभृच्च म आधवनीयश्च मे वेदिश्च मे बर्हिश्च मेऽवभृथश्च मे स्वगाकारश्च मे यज्ञेन कल्पन्ताम् । २१ ।

अग्निश्च मे घर्मश्च मेऽर्कश्च मे सूर्यश्च मे प्राणश्च मेऽश्वमेधश्च मे पृथिवी च मेऽदितिश्च मे दितिश्च मे द्यौश्च मेऽङ्गुलयश् शक्करयो दिशश्च मे यज्ञेन कल्पन्ताम् । २२ । व्रतञ् च मऽऋतवश्च मे तपश्च मे संवत्सरश्च मेऽहोरात्रे ऊर्वष्ठीवे बृहद्रथन्तरे च मे यज्ञेन कल्पन्ताम् । २३ ।

एका च मे तिस्रश्च मे तिस्रश्च मे पञ्च च मे पञ्च च मे सप्त च मे सप्त च मे नव च मे नव च म एकादश च म एकादश च मे त्रयोदश च मे त्रयोदश च मे पञ्चदश च मे पञ्चदश च मे सप्तदश च मे सप्तदश च मे नवदश च मे नवदश च म एकविꣳशतिश्च म एकविꣳशतिश्च मे त्रयोविꣳशतिश्च मे त्रयोविꣳशतिश्च मे

पञ्चविꣳशतिश्च मे पञ्चविꣳशतिश्च मे सप्तविꣳशतिश्च मे सप्तविꣳशतिश्च मे नवविꣳशतिश्च मे नवविꣳशतिश्च म एकत्रिꣳशच्च म एकत्रिꣳशच्च मे त्रयस्त्रिꣳशच्च मे यज्ञेन कल्पन्ताम् । २४ । चतस्रश्च मेऽष्टौ च मे अष्टौ च मे द्वादश च मे द्वादश च मे षोडश च मे षोडश च मे विꣳशतिश्च मे विꣳशतिश्च मे चतुर्विꣳशतिश्च मे चतुर्विꣳशतिश्च मेऽष्टाविꣳशतिश्च मे अष्टाविꣳशतिश्च मे द्वात्रिꣳशच्च मे द्वात्रिꣳशच्च मे षट्त्रिꣳशच्च मे षट्त्रिꣳशच्च मे चत्वारिꣳशच्च मे चत्वारिꣳशच्च मे चतुश्चत्वारिꣳशच्च मे चतुश्चत्वारिꣳशच्च मेऽष्टाचत्वारिꣳशच्च मे यज्ञेन कल्पन्ताम् । २५ । त्र्यविश्च मे त्र्यवी च मे दित्यवाट् च मे दित्यौही च मे पञ्चाविश्च मे पञ्चावी च मे त्रिवत्सश्च मे त्रिवत्सा च मे तुर्यवाट् च मे तुर्यौही च मे यज्ञेन कल्पन्ताम् । २६ । पष्ठवाट् च मे पष्ठौही च म उक्षा च मे वशा च म ऋषभश्च मे वेहच्च मेऽनड्वाँश्च मे धेनुश्च मे यज्ञेन कल्पन्ताम् । २७ ।

वाजाय स्वाहा प्रसवाय स्वाहाऽपिजाय स्वाहा क्रतवे स्वाहा वसवे स्वाहाऽहर्पतये स्वाहा ह्नेमुग्धाय स्वाहा मुग्धाय वैनꣳशिनाय स्वाहा विनꣳशिन आन्त्यायनाय स्वाहाऽन्त्याय भौवनाय स्वाहा भुवनस्य पतये स्वाहाऽधिपतये स्वाहा प्रजापतये स्वाहा । इयन्ते राण् मित्राय यन्तासि यमन ऊर्जेत्त्वा वृष्ट्यैत्त्वा प्रजानांत्त्वाधिपत्त्याय । २८ । आयुर् यज्ञेन कल्पतां प्राणो यज्ञेन कल्पताञ् चक्षुर्यज्ञेन कल्पताꣳ श्रोत्रं यज्ञेन कल्पतां वाग् यज्ञेन कल्पतां मनो यज्ञेन कल्पताम् आत्मा यज्ञेन कल्पतां ब्रह्मा यज्ञेन कल्पताञ् ज्योतिर् यज्ञेन कल्पताꣳ स्वर् यज्ञेन कल्पतां पृष्ठं यज्ञेन कल्पतां यज्ञो यज्ञेन कल्पताम् । स्तोमश्च यजुश्च ऋक् च साम च बृह च रथन्तरञ् च । स्वर् देवा अगन्मामृता अभूम प्रजापतेः प्रजा अभूम वेट् स्वाहा ॥ २९ ॥

अथ शान्ति अध्यायः Shanti

Ultimate Peace as the universal goal.
हरिः ॐम ।

ऋचं वाचं प्रपद्ये मनो यजुः प्रपद्ये साम प्राणं प्रपद्ये चक्षुः श्रोत्रं प्रपद्ये ।
वागोजः सहौजो मयि प्राणापानौ ॥ १ ॥ यन् मे छिद्रञ् चक्षुषो हृदयस्य
मनसो वाति तृण्णम् बृहस्पतिर् मे तद् दधातु । शन् नो भवतु भुवनस्य
यस्पतिः ॥ २ ॥

भूर् भुवः स्वः । तत् सवितुर् वरेण्यम् भर्गो देवस्य धीमहि ।
धियो यो नः प्रचोदयात् ॥ ३ ॥

कयानश् चित्र आभुवदूती सदावृधः सखा । कयाशचिष्ठया वृता ॥४
कस्त्वा सत्यो मदानामः हिष्ठो मत् सदन्धसः । दृढाचि दारु जेवसु ॥ ५ ॥
अभिषुणः सखीं नामविता जरितृणाम् । शतम् भवास्यूतिभिः ॥ ६ ॥ कया
त्वन्न ऊत्त्याभि प्रमन्दसेवृषन् । कया स्तोतृभ्य आभर ॥ ७ ॥ इन्द्रो विश्वस्य
राजति ।

शन् नो अस्तु द्विपदे शञ् चतुष्पदे ॥ ८ ॥

शन् नो मित्रः शं वरुणः शन् नो भवत् वर्यमा । शन् न इन्द्रो बृहस्पतिः शन्
नो विष्णुर् उरुक्रमः ॥ ९ ॥ शन् नो वातः पवताᳪ शन् नस् तपतु सूर्यः ।
शन् नः कनिक्रद् देवः पर्जन्यो अभिवर्षतु ॥ १० ॥ अहानि शम् भवन्तु नः
शः रात्रीः प्रतिधीयताम् । शन् न इन्द्राग्नी भवतामवोभिः शन् न

इन्द्रावरुणारात हव्या । शन् नं इन्द्रापूषणा वाजसातौ शम् इन्द्रासोमा सुविताय शं योः ॥ ११ ॥

शन् नो देवीरभिष्टय आपो भवन्तु पीतये ।
शं योर् भिस्रवन्तुनः ॥ १२ ॥

स्योना पृथिवि नो भवान् ऋक्षरा निवेशनी ।
यच्छा नः शर्मस प्रथाः ॥ १३ ॥

आपो हिष्ठा मयो भुवस् तान ऊर्जे दधातन । महेरणाय चक्षसे ॥ १४ ॥ यो वः शिव तमो रसस् तस्य भाजयते ह नः । उशतीरिव मातरः ॥ १५ ॥ तस्मा अरङ्ग माम वो यस्य क्षयाय जिन्वथ । आपो जन यथा च नः ॥ १६ ॥

द्यौः शान्तिर् अन्तरिक्षꣳ शान्तिः पृथिवी शान्तिर् आपः शान्तिर् ओषधयः शान्तिः । वनस्पतयः शान्तिर् विश्वे देवाः शान्तिर् ब्रह्म शान्तिः सर्वꣳ शान्तिः शान्तिरेव शान्तिः सामा शान्तिरेधि ॥ १७ ॥

दृतेदृꣳ हमा मित्रस्य मा चक्षुषा सर्वाणि भूतानि समीक्षन्ताम् । मित्रस्य अहञ् चक्षुषा सर्वाणि भूतानि समीक्षे । मित्रस्य चक्षुषा समीक्षामहे ॥ १८ ॥ दृतेदृꣳ हमा । ज्योक्ते सन्दृशि जीव्या सञ् ज्योक्ते सन्दृशि जीव्यासम् ॥ १९ ॥

नमस्ते हरसे शोचिषे नमस्ते अस्तु अर्चिषे । अन्याँस् ते अस्मत् तपन्तु हेतयः पावको अस्मभ्यꣳ शिवो भव ॥ २० ॥ नमस्ते अस्तु विद्युते नमस्तेस् तनयित्नवे । नमस्ते भगवन् अस्तु यतः स्वः समीहसे ॥ २१ ॥

यतो यतः समीहसे ततो नो अभयङ्कुरु । शन्नः कुरु प्रजाभ्योऽभयन्नः पशुभ्यः ॥ २२ ॥ सुमित्रि या न आप ओषधयः सन्तु दुर्मित्रि यास्तस्मै सन्तु योऽस्मान् द्वेष्टि यञ्च वयन् द्विष्मः ॥ २३ ॥ तच्चक्षुर् देवहितम् पुरस्ताच्छुक्रम् उच्चरत् । पश्येम शरदः शतञ् जीवेम शरदः शतः शृणुयाम शरदः शतं प्रब्रवाम शरदः शत मदीनाः स्याम शरदः शतं भूयश्च शरदः शतात् ॥ २४ ॥

अथ स्वस्ति प्रार्थना मन्त्र अध्यायः Svasti

Showering ultimate goodwill and Blessings on entire creation; all beings, flora and fauna; even wishing well for the troublesome neighbors and cunning strangers, and dropping of all enmity in a sense of absolute gratefulness.

हरिः ॐम ।

स्वस्ति न इन्द्रो वृद्धश्रवाः । स्वस्ति नः पूषा विश्ववेदाः । स्वस्ति नस्तार्क्ष्यो अरिष्टनेमिः । स्वस्ति नो बृहस्पतिर् दधातु ॥ १ ॥

ॐ पयः पृथिव्यां पय ओषधीषु पयो दिव्यन्तरिक्षे पयो धाः । पयस्वतीः प्रदिशः सन्तु मह्यम् ॥ २ ॥

ॐ विष्णोर् अराट मसि विष्णोः श्नप्त्रेस्थो विष्णोः स्यूरसि विष्णोर् ध्रुवोऽसि । वैष्णवमसि विष्णवेत्त्वा ॥ ३ ॥

ॐ अग्निर् देवता वातो देवता सूर्यो देवता चन्द्रमा देवता वसवो देवता रुद्रा देवताऽऽदित्या देवता मरुतो देवता विश्वेदेवा देवता बृहस्पतिर् देवतेन्द्रो देवता वरुणो देवता ॥ ४ ॥

ॐ सद्योजातं प्रपद्यामि सद्योजाताय वै नमो नमः । भवे भवे नातिभवे भवस्व माम् । भवोद्भवाय नमः ॥ ५ ॥

वामदेवाय नमो ज्येष्ठाय नमः श्रेष्ठाय नमो रुद्राय नमः कालाय नमः कलविकरणाय नमो बलविकरणाय नमो बलाय नमो बलप्रमथनाय नमस् सर्वभूतदमनाय नमो मनोन्मनाय नमः ॥ ६ ॥

अघोरेभ्योऽथ् अघोरेभ्यो घोरघोरतरेभ्यः । सर्वेभ्यः सर्वशर्वेभ्यो नमस्ते अस्तु रुद्ररूपेभ्यः ॥ ७ ॥

तत्पुरुषाय विद्महे महादेवाय धीमहि । तन्नो रुद्रः प्रचोदयात् ॥ ८ ॥

ईशानः सर्वविद्यानाम् ईश्वरः सर्वभूतानां ब्रह्माधिपतिर् ब्रह्मणोऽधिपतिर् ब्रह्मा शिवो मे अस्तु सदा शिवोम् ॥ ९ ॥

ॐ शिवो नामासि स्वधितिस्ते पिता नमस्ते अस्तु मामाहिꣳ सीः । निवर्त्तयाम् यायुषेऽन्नाद्याय प्रजननाय रायस् पोषाय सुप्रजास् त्वाय सुवीर्याय ॥ १० ॥

ॐ विश्वानि देव सवितर् दुरितानि परासुव । यद् भद्रन् तन आसुव ॥ ११ ॥

ॐ द्यौः शान्तिर् अन्तरिक्षꣳ शान्तिः पृथिवी शान्तिर् आपःशान्तिर् ओषधयःशान्तिः । वनस्पतयःशान्तिर् विश्वेदेवाः शान्तिर् ब्रह्म शान्तिः सर्वꣳशान्तिःशान्तिरेव शान्तिः सामा शान्तिरेधि ॥ १२ ॥

ॐ सर्वेषां वा एष वेदानाꣳ रसो यत् साम सर्वेषाम् एवैनम् एतद् वेदानाꣳ रसे नाभिषिञ्चति ॥ १३ ॥

ॐ शान्तिः शान्तिः शान्तिः ।
सुशान्तिर् भवतु । सर्वारिष्ट शान्तिर् भवतु ॥

॥ इति रुद्राष्टाध्यायी समाप्ता ॥ end

Pardon Shlokas

यद् अक्षर-पद-भ्रष्टं मात्रा हीनञ्च यद् भवेत् । तत् सर्वं क्षम्यतां देव प्रसीद परमेश्वर ॥ अनेन कृतेन श्रीरुद्राभिषेक-कर्मणा श्रीभवानी-शङ्कर-महारुद्रः प्रीयताम् न मम ॥ ॐ श्रीसाम्बसदाशिव-अर्पणमस्तु ॥

The peoples of Bharata have this humility of asking for pardon in case of a mistake in chanting or in interpretation! It connects one closer to the Lord.

ॐ आ॒भिर्‌ गी॒र्भिर्‌ यदतो॑न ऊ॒नमाप्या॑यय हरिवो॒ वर्धमानः ।
य॒दा स्तो॒तृभ्यो॒ महि॑ गो॒त्रा रु॒जासि॑ भूयि॑ष्ठभाजो॒ अर्ध ते स्याम ।
ब्रह्म॒ प्रावा॑दिष्म तन्नो॒ मा हा॑सीत् ॥
ॐ शा॒न्तिः॒ शा॒न्तिः॒ शा॒न्तिः॒ ॥

॥ हरिः॑ ॐ ॥

chanting ends here. Bhajan Starts.

ॐ महादेव शिव शंकर शंभो उमाकांत हर त्रिपुरारे मृत्युंजय ब्रुषभध्वज शूलिनं गंगाधर मृड मदनारे हरहरमहादेव ॐ नमः शिवाय हर हर महादेव ।

श्रेष्ठाय नमः । स्नानं समर्पयामि ।
सन्नानन्तरं आचमनीयं समर्पयामि ।

वस्त्रम् Vastram (offer red cloth)

ॐ स्वमायया प्रगुप्तात्मा मायानाश्रयमोहिनी । यस्यायं पुरुषः पूर्णः परमात्मा परं पदम् ॥ वस्त्रं समर्पयामि ॥

यज्ञोपवीतम् Yagyopavitam (offer sacred thread)

ब्रह्म नामक सूत्रं तु ब्रह्मसूत्रं प्रकीर्तितम् । ब्रह्मैव ब्रह्मसूत्रं तदस्मिन् प्रोतं चराचरम् ॥ यज्ञोपवीतम् समर्पयामि ॥

बिल्वपत्रं Bilva patram

ॐ नमो॑ बिल्मिने॑ च कवचिने॑ च नम॑ः श्रु॒ताय॑ च श्रुतसेनाय॑ च ॥ बिल्वपत्रं समर्पयामि ॥

गन्धम् Gandham (offer sandal paste)

गन्ध॑-द्वारां दु॑राधर्षां नित्यपु॑ष्टां करीषिणी॑म् । ईश्वरी॑ं सर्वभूतानां तामिहोप॑ह्वये श्रियम् ॥ सर्वशास्त्रार्थनिपुण गन्धान् धारय सादरम् ।
गन्धं समर्पयामि ॥ गन्धस्य उपरि हरिद्रा कुङ्कुमं समर्पयामि ॥

भस्मोद् धूलनम् offer Bhasma dust

ॐ मा न॑स्तोके तनये मान आयु॑षि मा नो गोषु॒ मा नो अश्वे॑षु रीरिषः । वीरान् मानो॑ रुद्र भामितो व॑धीर् हविष्मन्तो नम॑सा विधेम ते ॥ भस्मोद् धूलितसर्वाङ्ग भस्म दिव्यं ददमि ते । भस्मोद् धूलनं समर्पयामि ॥

अक्षताः offer unbroken rice grains

आयनेते परायणे दूर्वा रोहन्तु पुष्पिणीः ।
ह्रदाश्च पुण्डरीकाणि समुद्रस्य गृहा इमे ॥
गन्धस्योऽपरि अलङ्कारणार्थे अक्षतान् समर्पयामि ॥

अलङ्कारः Alankara (adornment)

नानश्चर्यमयं देवं नानाश्चर्यविनिर्गतम् । निगमागम् अगोप्तारं गोपतिं श्रीपतिं भजे । अलङ्कारं समर्पयामि ॥

रुद्राक्षमालिका offer Rudraksha Garland रुद्रक्षमालिकां समर्पयामि।

पुष्पम् Pushpam (offer flowers)

यस्मिन् भाति जगत् सर्वं भासा यस्य प्रवर्तते । तस्मै सर्वगुणाभासमूर्तये ब्रह्मणे नमः ॥ पष्पैः पूजयामि । ॐ भवाय देवाय नमः । ॐ शर्वाय देवाय नमः । ॐ ईशानाय देवाय नमः । ॐ पशुपतये देवाय नमः । ॐ रुद्राय देवाय नमः । ॐ उग्राय देवाय नमः । ॐ भीमाय देवाय नमः । ॐ महते देवाय नमः । ॐ भवस्य देवस्य पत्नयै नमः । ॐ शर्वस्य देवस्य पत्नयै नमः । ॐ ईशानस्य देवस्य पत्नयै नमः । ॐ पशुपतेर् देवस्य पत्नयै नमः । ॐ रुद्रस्य देवस्य पत्नयै नमः । ॐ उग्रस्य देवस्य पत्नयै नमः । ॐ भीमस्य देवस्य पत्नयै नमः । ॐ महतो देवस्य पत्नयै नमः ।

पुष्पमालिका Pushp Mala (offer Flower garland) ॐ तस्मादश्वा अजायन्त । ये के चोभयादतः । गावो ह जज्ञिरे तस्मात् । तस्माज् जाता अजावयः ॥ पुष्पमालिका समर्पयामि ।

पत्र-पूजा Patra Puja (offer Leaves)

ॐ शिवरूपाय नमः । बिल्वपत्रं समर्पयामि ॥

ॐ शक्तिरूपाय नमः । कदम्बपत्रं समर्पयामि ॥

ॐ लक्ष्मीरूपाय नमः । तामरसपत्रं समर्पयामि ॥

ॐ ब्रह्मरूपाय नमः । दाडिमीपत्रं समर्पयामि ॥

ॐ सरस्वतीरूपाय नमः । मल्लिकापत्रं समर्पयामि ॥

ॐ गणपतिरूपाय नमः । दूर्वापत्रं समर्पयामि ॥

ॐ षण्मुखरूपाय नमः । अशोकपत्रं समर्पयामि ॥

ॐ श्रीचक्ररूपाय नमः । दूर्वापत्रं समर्पयामि ॥

ॐ श्रीदक्षिणामूर्तिरूपाय नमः । नानाविध पत्राणि समर्पयामि ॥

धूपम् Dhoopam

ॐ धूर॑सि धूर्व धूर्व॑न्तं धूर्वतं योऽ॒स्मान् धूर्व॑तितं धू॒र्वयं वयं धूर्वा॑मस्त्वं देवाना॑मसि । सस्नि॑तमं पप्रि॑तमं जुष्ट॑तमं वह्नि॑तमं देवहूत॑ममह्रु॑तमसि हविर्धानं दृꣳह॑स्व माह्वा॒र्मित्रस्य॑ त्वा चक्षुषा प्रेक्षे माभेर्मा संवि॑क्था मा त्वा॑ हिꣳसिषम् ॥ धूपम् आघ्रापयामि ॥

दीपम् Deepam

ॐ उद् दी॒प्यस्व जातवेदोऽपघ्नन्निर्ऋ॑तिं मम॑ । पशूꣳ॑श्च मह्यमाव॑ह जीव॑नं च दिशो॑ दिश। मा॑नो हिꣳसीज् जातवेदो गामश्वं पुरु॑षं जग॑त् । अबि॑भ्रदग्न आग॑हि श्रिया मा परि॑पातय ॥ दीपं दर्शयामि ॥ धूपदीपाऽनन्तरं आचमनीयं समर्पयामि ॥

फलम् Phalam (offer 5 types of fruits)

कर्ता कर्म च कार्यं च चतुर्थं कर्मणः फलम् । ब्रह्मैव भासते सर्वं मन्त्रेश्वरप्रसादतः ॥ फलं निवेदयामि ॥

नैवेद्यम् Naived

[नैवेद्यपदार्थान् गायत्र्या प्रोक्ष्य mentally do gayatri japa sprinkling a spoon of water on the naived ॐ भूर्भुवस्सुवः तत् सवितुर् वरेण्यं भर्गो देवस्य धीमहि धियो यो नः प्रचोदयात् ॥]

सत्यं त्वर्तेन परिषिञ्चामि । कामधेनुं स्मरामि । धेनुमुद्रां प्रदर्श्य । अमृतमस्तु । अमृतोपस्तरणमसि ॥

ॐ प्राणाय स्वाहा । ॐ अपाणाय स्वाहा । ॐ व्यानाय स्वाहा । ॐ उदानाय स्वाहा । ॐ समानाय स्वाहा । ॐ ब्रह्मणे नमः । ॐ चन्द्रमा मनसो जातः । चक्षोस् सूर्यो अजायत । मुखादिन्द्रश्चाग्निश्च । प्राणाद् वायुर् अजायत । नैवेद्यं निवेदयामि ॥ मध्ये मध्ये अमृतपानीयं समर्पयामि । अमृतापिधानमसि ॥ हस्तप्रक्षालनं समर्पयामि । पादप्रक्षालनं समर्पयामि । पुनर् आचमनीयं समर्पयामि । भूर्भुवस्सुवः ।

ताम्बूलम् Tamboolam

ॐ नाभ्या आसीदन्तरिक्षम् । शीर्ष्णो द्यौस् समवर्तत । पद्भ्यां भूमिर् दिशः श्रोत्रात् । तथा लोकाꣳ अकल्पयन् ॥ ताम्बूलं समर्पयामि ॥

आरती Pancamukha Deepam Aarti

ॐ आ रात्रि पार्थिवꣳ रजः पितुरप्रायि धामभिः । दिवः सदाꣳसि बृहती वि तिष्ठस आ त्वेषं वर्तते तमः ॥ ॐ इदꣳ हविः प्रजननं मे अस्तु दशवीरꣳ

सर्वगणꣳ स्वस्तये । आत्मसनि प्रजासनि पशुसनि लोकसन्यभयसनि । अग्निः प्रजां बहुलां मे करोत वन्नं पयो रेतो अस्मासु धत्त ॥ ॐ अग्निर् देवता वातो देवता सूर्यो देवता चन्द्रमा देवता वसवो देवता रुद्रो देवता आदित्या देवता मरुतो देवता विश्वे देवा देवता बृहस्पतिर् देवता इन्द्रो देवता वरुणो देवता ॥

Ekamukha Deepam Aarti

कदलीगर्भसम्भूतं कर्पूरं तु प्रदीपितम् । आरार्तिकम् अहं कुर्वे पश्य मे वरदो भव ॥ कर्पूरगौरं करुणाऽऽवतारं संसारसारं भुजगेन्द्रहारम् । सदा वसन्तं हृदया रविन्दे भवं भवानी सहितं नमामि ॥

दक्षिणा Dakshina

अदृश्यं दृश्यते दृश्यं तद् दृश्यं दृश्यते न हि । दृश्यादृश्यविदृश्यत्वाद् रूपं ते मङ्गलं परम्॥ दक्षिणां समर्पयामि ॥

नीराजनम् Nirajanam (Lighting camphor)

सोमो वा एतस्य राज्यमादत्ते । यो राजा सन्राज्यो वा सोमेन यजते । देवसुवामेतानि हवीꣳषि भवन्ति । एतावन्तो वै देवानाꣳ सवाः । त एवास्मै सवान् प्रयच्छन्ति । त एनं पुनस् सुवन्ते राज्याय । देवसू राजा भवति ॥

न तत्र सूर्यो भाति न चन्द्रतारकं । नेमा विद्युतो भान्ति कुतोऽयम् अग्निः । तमेव भान्तम् अनुभाति सर्वं तस्य भासा सर्वम् इदं विभाति ॥ नीराजनं सन्दर्शयामि ॥ नीराजनानन्तरम् आचमनीयम् समर्पयामि । दिव्यरक्षान् धारयामि ॥

मन्त्र-पुष्पम् Mantra Pushpam

ॐ योऽपां पुष्पं वेद॑ । पुष्प॑वान् प्रजावान् पशुमान् भ॑वति । चन्द्रमा वा अपां पुष्पम् । पुष्प॑वान् प्रजावान् पशुमान् भ॑वति । य एवं वेद॑ । योऽपामायत॑नं वेद॑ । आयत॑नवान् भवति ॥

प्रदक्षिणा-नमस्काराः Pradakshina

स्वर्भू पाताल लोकेषु यः पर्यटति नित्यशः । प्रदक्षिणं करोमीह सद्गुरुं पादचारतः ।

नन्दी-पूजा Nandi Puja

ॐ भूर्भुवस् सुवरोम् । अस्मिन् बिम्बे नन्दिकेश्वरं ध्यायामि । आह्वयामि । नन्दीश्वराय नमः । गन्ध-पुष्प-धूप-दीप-सकलाधनैः सु-अर्चितम् । ॐ श्रीनन्दीकेश्वर-स्वामिने नमः । मङ्गल-कर्पूर-नीराजनं सन्दर्शयामि । नीराजनानन्तरम् आचमनीयं समर्पयामि । दिव्यरक्षान् धारयामि ॥ बाण-रावण-चण्डेश-नन्दी-भृङ्गि-रिटादयः । महादेव-प्रसादोऽयं सर्वे गृह्णन्तु शाम्भवाः ॥ तत् पुरुषाय विद्महे चक्रतुण्डाय धीमहि । तन्नो नन्दीः प्रचोदयात् ॥

Svasti Vachaka Sloka स्वस्ति वाचक श्लोकः

ॐ स्वस्तिः प्रजाभ्यः परिपालयन्ताम् । न्यायेन मार्गेण महीं महीशाः । गो ब्राह्मणेभ्यः शुभमस्तु नित्यम् । लोकाः समस्ताः सुखिनो भवन्तु ॥

आशीर्-वचनम् Aashirvadah

सर्वे भवन्तु सुखिनः । सर्वे सन्तु निरामयाः । सर्वे भद्राणि पश्यन्तु । मा कश्चिद् दुःखभाग् भवेत् ॥ ॐ शान्तिः शान्तिः शान्तिः ॥

असतो मा सद् गमय । तमसो मा ज्योतिर् गमय । मृत्योर् मा अमृतं गमय
॥ ॐ शान्तिः शान्तिः शान्तिः ॥

ॐ पूर्णमदः पूर्णमिदं पूर्णात् पूर्णमुदच्यते ।
पूर्णस्य पूर्णमादाय पूर्णमेवावशिष्यते ॥
ॐ शान्तिः शान्तिः शान्तिः ॥
क्षमा प्रार्थना (Forgiveness for errors in chanting)

ॐ यद् अक्षरं पदं भ्रष्टं मात्राहीनं तु यद् भवेत् । तत् सर्वं क्षम्यतां देव प्रसीद परमेश्वर । विसर्गबिन्दुमात्राणि पदपादाक्षराणि च । न्यूनानि चातिरिक्तानि क्षमस्व परमेश्वर । अन्यथा शरणं नास्ति त्वेमव शरणं मम । तस्मात् कारुण्य भावेन रक्ष रक्ष परमेश्वर ॥

ॐ नमः पार्वतीपतये हर हर महादेव ॥ (customary to raise both arms and drop them from namaskar mudra)

॥ इति रुद्र-पूजा समाप्ता ॥ end of Rudra Puja.

ॐ जय जगदीश हरे स्वामी जय जगदीश हरे । भक्त जनों के संकट । दास जनों के संकट क्षण मे दूर करे ॥ ॐ जय जगदीश..

जो ध्यावे फल पावे दुःख बिनसे मन का । स्वामी दुःख बिनसे मन का । सुख सम्पति घर आवे कष्ट मिटे तन का ॥ ॐ जय जगदीश ...
मात पिता तुम मेरे शरण गहूँ मैं किसकी । स्वामी शरण पडूँ मैं किसकी । तुम बिन और न दूजा आस करुँ मैं जिसकी ॥ ॐ जय जगदीश .....

तुम पूरण परमात्मा तुम अन्तर्यामी । स्वामी तुम अन्तरयामी । पार ब्रह्म परमेश्वर तुम सबके स्वामी ॥ ॐ जय जगदीश ....

तुम करुणा के सागर तुम पालन कर्ता । स्वामी तुम रक्षा कर्ता । मैं सेवक तुम स्वामी कृपा करो भर्ता ॥ ॐ जय जगदीश ...

तुम हो एक अगोचर सब के प्राणपति । स्वामी सब के प्राणपति । किस विध मिलूँ दयालु किस विध मिलूँ कृपालु तुम को मैं कुमति ॥ ॐ जय जगदीश...

दीनबन्धु दुःखहर्ता ठाकुर तुम मेरे । स्वामी रक्षक तुम मेरे । अपने हाथ बढाओ अपने शरणि लगाओ द्वार खडा मैं तेरे ॥ ॐ जय जगदीश...

विषय विकार मिटाओ पाप हरो देवा । स्वामी कष्ट हरो देवा । श्रद्धा भक्ति बढाओ सन्तन की सेवा ॥ ॐ जय जगदीश...
तन मन धन सब कुछ है तेरा । स्वामी सब कुछ है तेरा । तेरा तुझ को अर्पण क्या लागे मेरा ॥ ॐ जय जगदीश...

Linga Ashtakam लिङ्गाष्टकम्

ब्रह्म मुरारि सुरार्चित लिङ्गम् । निर्मलभासित शोभित लिङ्गम् । जन्मज दुःख विनाशक लिङ्गम् । तत् प्रणमामि सदाशिव लिङ्गम् ॥ १ ॥ देवमुनि प्रवरार्चित लिङ्गम् । कामदहन करुणाकर लिङ्गम् । रावण दर्प विनाशन लिङ्गम् । तत् प्रणमामि सदाशिव लिङ्गम् ॥ २ ॥ सर्व सुगन्ध सुलेपित लिङ्गम् । बुद्धि विवर्धन कारण लिङ्गम् । सिद्ध सुरासर वन्दित लिङ्गम् । तत् प्रणमामि सदाशिव लिङ्गम् ॥ ३ ॥ कनक महामणि भूषित लिङ्गम् । फणिपति वेष्टित शोभित लिङ्गम् । दक्ष सुयज्ञ विनाशन लिङ्गम् । तत् प्रणमामि सदाशिव लिङ्गम् ॥ ४ ॥ कुङ्कुम चन्दन लेपित लिङ्गम् । पङ्कज हार सुशोभित लिङ्गम् । सञ्चित पाप विनाशन लिङ्गम् । तत् प्रणमामि सदाशिव लिङ्गम् ॥ ५ ॥ देवगणार्चित सेवित लिङ्गम् । भावैर् भक्तिभिरेव च लिङ्गम् । दिनकर कोटि प्रभाकर लिङ्गम् । तत् प्रणमामि सदाशिव लिङ्गम् ॥ ६ ॥ अष्टदलोपरिवेष्टित लिङ्गम् । सर्वसमुद्भव कारण लिङ्गम् । अष्टदरिद्र विनाशन लिङ्गम् । तत् प्रणमामि सदाशिव लिङ्गम् ॥ ७ ॥ सुरगुरु सुरवर पूजित लिङ्गम् । सुरवन पुष्प सदार्चित लिङ्गम् । परात्परं परमात्मक लिङ्गम् । तत् प्रणमामि सदाशिव लिङ्गम् ॥ ८ ॥

लिङ्गाष्टकम् इदं पुण्यं यः पठेः शिव सन्निधौ ।
शिवलोकमवाप्नोति शिवेन सह मोदते ॥

Simple translation of Linga Ashtakam

To that lingam which
Is eulogized by Lord Brahma & Lord Krishna
Is praised by sacred commentary
Eradicates the turbulence and miseries of life
I humbly offer obeisance (1)

To that lingam which
Is eulogized by Devas & Sages
Pacifies desires & bestows Compassion
Humbles the pride of the mighty
I humbly offer obeisance (2)

To that lingam which
Is well smeared with all that smells good
Is the cause of Elevating the Intellect
Is eulogized by Siddhas & Gentle beings & Cruel ones too
I humbly offer obeisance (3)

To that lingam which
Is adorned with radiant gems
Is fanned by the coils of the Lord of the Serpents
Ends the vain ceremony of the undevoted
I humbly offer obeisance (4)

To that lingam which
Is smeared with red turmeric and sandal paste
Is adorned with a lotus garland
Clears the karmic impressions
I humbly offer obeisance (5)

To that lingam which
Is eulogized and served by a multitude of devas
Full of emotion and devotion

Whose splendor equals a million Suns
I humbly offer obeisance (6)

To that lingam which
Stands on the eight-petalled lotus
Is the cause of the entire Creation
Vanquishes the eight-fold suffering
I humbly offer obeisance (7)

To that lingam which
Is worshipped by the gods and their preceptor
Is adorned by flowers from the heavenly forests
Is the Transcendental Being, the Supreme Self
I humbly offer obeisance (8)

बोलो बोलो सब मिल बोलो ॐ नमः शिवाय x5

बोलो बोलो सब मिल बोलो ॐ नमः शिवाय x5

जूटजटा में गंगाधारी , त्रिशूलधारी डमरु बजावे

डम डम डम डम डमरु बजावे x2

गूंज उठा ॐ नमः शिवाय , प्रेम से बोलो नमः शिवाय

ॐ नमः शिवाय x4, हर ॐ नमः शिवाय x3

बोलो बोलो सब मिल बोलो ॐ नमः शिवाय x5

Bolo Bolo Sab Mil Bolo Om Namah Shivaya
https://www.youtube.com/watch?v=tWoI4KgDzS8
https://www.youtube.com/watch?v=1iwiy0T9Wjk

The Pronoun " I "

We look at the meaning and usage of the pronoun "I" as per Sanskrit grammar and wonder at such erudition!

Sanskrit Noun Declension Table

	7x3 Cases विभक्ति		
V	Vocative	हे / भोः	Hailing / Hello
1	Nominative (Agent)	कर्त्ता ने	Doer
2	Accusative (Object)	कर्म को	To
3	Means	करण से/ के साथ	By / with
4	Dative (Recipient)	संप्रदान के लिए	For
5	Point-of-Origin	अपादान से	From
6	Genitive	संबंध का	Of (relation)
7	Locative	अधिकरण में/ पर	Place/Time

सर्वनाम शब्दः अस्मद् (उत्तम पुरुषवाची) (gender not applicable)

अस्मद् - I Myself, both of us, we all (no Vocative)				
	Singular	Meaning	Dual (both)	Plural (us all)
1	अहम्	I	आवाम्	वयम्
2	माम् / मा	Me, myself	आवाम् /नौ	अस्मान् /नः
3	मया	by Me	आवाभ्याम्	अस्माभिः
4	मह्यम् / मे	For me, to me	आवाभ्याम् /नौ	अस्मभ्यम् /नः
5	मत्	From Me	आवाभ्याम्	अस्मत्
6	मम / मे	Of me, In me, in terms of me	आवयोः /नौ	अस्माकम् /नः
7	मयि	In Me	आवयोः	अस्मासु

Season Tithi Nakshatra

Some Sanskrit terms for puja use. पञ्चाङ्ग Panchang.

English transliteration follows the Hindi pronunciation here.

Season ऋतु Ritu – Names of the six seasons in a year, each is of two months duration. Spring वसन्त "Vasant", Summer ग्रीष्म "Grishma", Monsoon वर्षा "Varsha", Autumn शरद् "Sharad", Pre-Winter हेमन्त "Hemant", Winter शिशिर "Shishir".

Fortnight पक्ष Paksh – Names of lunar fortnight of fifteen days duration. Bright fortnight waxing moon शुक्ल पक्ष Shukla Paksh, Dark fortnight waning moon कृष्ण पक्ष Krishna Paksh.

Lunar Day तिथि Tithi – Names of lunar days of a fortnight. 1st प्रतिपदा Pratipada, 2nd द्वितीया Dvitiya, 3rd तृतीया Tritiya, 4th चतुर्थी Chaturthi, 5th पञ्चमी Panchami, 6th षष्ठी Shashti, 7th सप्तमी Saptami, 8th अष्टमी Ashtami, 9th नवमी Navami, 10th दशमी Dashami, 11th एकादशी Ekadashi, 12th द्वादशी Dvadashi, 13th त्रयोदशी Trayodashi, 14th चतुरदशी Chaturdashi, 15th पूर्णिमा Poornima for Bright half शुक्ल पक्ष / अमावास्या Amavasya for dark half कृष्ण पक्ष ।

Weekday वार Vara – Names of seven days of the week. Monday सोमवार Somvar, Tuesday मङ्गलवार Mangalvar, Wednesday बुधवार Budhvar, Thursday गुरुवार Guruvar, Friday शुक्रवार Shukravar, Saturday शनिवार Shanivar, Sunday रविवार Ravivar.

Half-year अयन Ayana – Names of six months duration. Northward movement of Sun उत्तरायण Uttarayana, Southward movement of Sun दक्षिणायन Dakshinayana.

Rashi – Names of Zodiac (associated with performer Yajaman). 1 Aries मेष Mesha, 2 Taurus वृषभ Vrishab, 3 Gemini मिथुन Mithun, 4 Cancer कर्क Karka, 5 Leo सिंह Sinh, 6 Virgo कन्या Kanya, 7 Libra तुला Tula, 8 Scorpio वृश्चिक Vrischik, 9 Sagittarius धनु Dhanu, 10 Capricorn मकर Makar, 11 Aquarius कुम्भ Kumbh, 12 Pisces मीन Meen.

Birth Star नक्षत्र Nakshatra – Names of birth star and months

12 Months मास	**27 Birth Stars नक्षत्र**
1 Apr-May चैत्र Chaitra	१ चित्रा २ स्वाति
2 May-Jun वैशाख Vaisakh	३ विशाखा ४ अनुराधा
3 Jun-July ज्येष्ठ Jyeshtha	५ ज्येष्ठा ६ मूल
4 July-Aug आषाढ़ Aashadh	७ पूर्वाषाढ ८ उत्तराषाढ ९ सतभिषा
5 Aug-Sep श्रावण Shravan	१० श्रवण ११ धनिष्ठा
6 Sep-Oct भाद्रपद Bhadrapad	१२ पूर्वभाद्र १३ उत्तरभाद्र
7 Oct-Nov आश्विन Ashwin	१४ अश्विन १५ रेवती १६ भरणी
8 Nov-Dec कार्तिक Kartik	१७ कृतिका १८ रोहिणी
9 Dec-Jan मार्गशीर्ष Margashirsh	१९ मृगशिरा २० उत्तरा
10 Jan-Feb पौष Paush	२१ पुनर्वसु २२ पुष्य
11 Feb-Mar माघ Magh	२३ मघा २४ अश्लेशा
12 Mar-Apr फाल्गुन Phalgun	२५ पूर्वाफाल्गुन २६ उत्तराफाल्गुन २७ हस्त

Shukla Yajurveda Accents and Symbols

Accents are marks on the vowels that change the pitch. Accents are used to highlight that a particular vowel is to be pronounced in a different pitch. Vary the frequency, vary the tone so that the chanting is noticed by the listener appropriately. These are given in the text by various marks under or on the vowel.

A syllable may be pronounced

- from the belly - Anudata, by dropping the neck slightly
- from the heart – Udata, by keeping a straight face
- from the forehead – Svarita, by raising the neck slightly

Anudata - underline for a vowel – This signifies that the pitch is to be lowered, i.e. the sound should come from the belly. अन् + उदात्तः → अनुदात्तः = ◌॒

Udata – The normal chant, keeping a straight face. There is no marking for उदात्तः । When anudata is followed by udata, or vice versa, then a change in pitch will be noticeable.

Svarita – Raised pitch by lifting the head slightly. स्वरितः = ◌॑ a vertical bar on the vowel. Svarita is also written below the vowel as ◌᳚ or _ based on context.

Pronunciation of letters य़ , ष , ऽ

- In many places letter य is written as य़ and it is enunciated as ज ।
- Letter ष is to be enunciated as ख ।

- Letter ऽ signifies a dropped letter and it is silent

Pronunciation of doubled letters

In many places we notice a doubling of letters, e.g. ꣳ यज्ञ । अश्श्वेषुरीरिषः । मानोव्वीरान् । हविष्म्मन्तः ।

Pronunciation is almost unnoticeable, i.e. enunciate as यज्ञ । अश्वेषुरीरिषः । मानोवीरान् । हविष्मन्तः । This doubling is due to an *optional* Sanskrit Grammar rule. Hence for clarity we have dispensed with the doubling to aid the reader to see each letter clearly as he hears it.

Anusvara variation in symbols

We notice the following symbols for Anusvara.

ꣳ , ꣴ when Anusvara is followed by श्

६ when Anusvara is followed by र्

१ when Anusvara is followed by स्

ꣵ when Anusvara is followed by ह्

Probably when Sanskrit was commonly used, there was a specific purpose and pronunciation. Today, we find three types of sound for such Anusvara, viz

- ꣴ श् utter as गुम् श्
- ६ र् utter as गुं र्
- १ स् utter as गुं स्
- ꣵ ह् utter as गुं ह्
- ꣵ श् utter as ग्श् श्

Shiva Upasana Mantra

शिव-उपासन मन्त्रः ।

ॐ निधनपतये नमः । निधनपतान्तिकाय नमः ।

ॐ ऊर्ध्वाय नमः । ऊर्ध्वलिङ्गाय नमः ।

ॐ सुवर्णाय नमः । सुवर्णलिङ्गाय नमः ।

ॐ दिव्याय नमः । दिव्यलिङ्गाय नमः ।

ॐ भवाय नमः । भवलिङ्गाय नमः ।

ॐ शर्वाय नमः । शर्वलिङ्गाय नमः ।

ॐ शिवाय नमः । शिवलिङ्गाय नमः ।

ॐ ज्वलाय नमः । ज्वललिङ्गाय नमः ।

ॐ आत्माय नमः । आत्मलिङ्गाय नमः ।

ॐ परमाय नमः । परमलिङ्गाय नमः ।

एतत् सोमस्य सूर्यस्य सर्वलिङ्गꣳ स्थापयति पाणिमन्त्रं पवित्रम् ॥

108 Names of Lord Shiva

श्री शिव-अष्टोत्तरशत नामावलिः ।

ॐ शिवाय नमः । ॐ महेश्वराय नमः । ॐ शम्भवे नमः । ॐ पिनाकिने नमः । ॐ शशिशेखराय नमः । ॐ वामदेवाय नमः । ॐ विरूपाक्षाय नमः । ॐ कपर्दिने नमः । ॐ नीललोहिताय नमः । ॐ शङ्कराय नमः । ॐ शूलपाणने नमः । ॐ खड्वाङ्गिने नमः । ॐ विष्णुवल्लभाय नमः । ॐ शिपिविष्टाय नमः । ॐ अम्बिकानाथाय नमः । ॐ श्रीकण्ठाय नमः । ॐ भक्तवत्सलाय नमः । ॐ भवाय नमः । ॐ शर्वाय नमः । ॐ त्रिलोकेशाय नमः । ॐ शितिकण्ठाय नमः । ॐ शिवप्रियाय नमः । ॐ उग्राय नमः । ॐ कपालिने नमः । ॐ कामारये नमः । ॐ अन्धकासुरसूदनाय नमः । ॐ गङ्गाधराय नमः । ॐ ललाटाक्षाय नमः । ॐ कालकालाय नमः । ॐ कृपानिधये नमः । ॐ भीमाय नमः । ॐ परशुहस्ताय नमः । ॐ मृगपाणये नमः । ॐ जटाधराय नमः । ॐ कैलासवासिने नमः । ॐ कवचिने नमः । ॐ कठोराय नमः । ॐ त्रिपुरान्तकाय नमः । ॐ वृषाङ्काय नमः । ॐ वृषभारूढाय नमः । ॐ भस्मोद्धूलितविग्रहाय नमः । ॐ सामप्रियाय नमः । ॐ स्वरमयाय नमः । ॐ त्रयीमूर्तये नमः । ॐ अनीश्वराय नमः । ॐ सर्वज्ञाय नमः । ॐ परमात्मने नमः । ॐ सोमसूर्याग्निलोचनाय नमः । ॐ हविषे नमः । ॐ यज्ञमयाय नमः । ॐ सोमाय नमः । ॐ पञ्चवक्त्राय नमः । ॐ सदाशिवाय नमः । ॐ विश्वेश्वराय नमः । ॐ वीरभद्राय नमः । ॐ गणनाथाय नमः । ॐ प्रजापतये नमः । ॐ हिरण्यरेतसे नमः । ॐ दुर्घर्षाय नमः । ॐ गिरीशाय नमः । ॐ गिरिशाय नमः । ॐ अनघाय नमः । ॐ भुजङ्गभूषणाय नमः । ॐ भर्गाय नमः । ॐ गिरिधन्वने नमः । ॐ गिरिप्रियाय नमः । कृत्तिवाससे नमः । ॐ पुराराताये नमः । ॐ भगवते नमः । ॐ प्रमथाधिपाय नमः । ॐ मृत्युञ्जाय नमः । ॐ सूक्ष्मतनवे नमः । ॐ जगद्व्यापिने नमः । ॐ जगद्गुरवे नमः । ॐ व्योमकेशाय नमः । ॐ

महासेनजनकाय नमः । ॐ चारुविक्रमाय नमः । ॐ रुद्राय नमः । ॐ भूतपतये नमः । ॐ स्थाणवे नमः । ॐ अहये बुध्न्याय नमः । ॐ दिगम्बराय नमः । ॐ अष्टमूर्तये नमः । ॐ अनेकात्मने नमः । ॐ सात्त्विकाय नमः । ॐ शुद्धविग्रहाय नमः । ॐ शाश्वताय नमः । ॐ खण्डपरशवे नमः । ॐ अजाय नमः । ॐ पाशविमोचनाय नमः । ॐ मृडाय नमः । ॐ पशुपतये नमः । ॐ देवाय नमः । ॐ महादेवाय नमः । ॐ अव्ययाय नमः । ॐ हरये नमः । ॐ भगनेत्रभिदे नमः । ॐ अव्यक्ताय नमः । ॐ दक्षाध्वरहराय नमः । ॐ हराय नमः । ॐ पूषदन्तभिदे नमः । ॐ अव्यग्राय नमः । ॐ सहस्राक्षाय नमः । ॐ सहस्रपदे नमः । ॐ अपवर्गप्रदाय नमः । ॐ अनन्ताय नमः । ॐ तारकाय नमः । ॐ परमेश्वराय नमः ।

Shiva Pancakshari Stotra

शिव-पञ्च-अक्षरः स्तोत्रम्

(5 syllabled hymn न मः शि वा य)

नागेन्द्रहाराय त्रिलोचनाय भस्माङ्गरागाय महेश्वराय ।

नित्याय शुद्धाय दिगम्बराय तस्मै नकाराय नमः शिवाय ॥ १ ॥

मन्दाकिनी सलिल चन्दन चर्चिताय नन्दीश्वर प्रमथनाथ महेश्वराय ।

मन्दारपुष्पबहुपुष्पसुपूजिताय तस्मै मकाराय नमः शिवाय ॥ २ ॥

शिवाय गौरीवदनाब्जबाल सूर्याय दक्षाध्वरनाशकाय ।

श्रीनीलकण्ठाय वृषध्वजाय तस्मै शिकाराय नमः शिवाय ॥ ३ ॥

वसिष्ठकुम्भोद् भवगौतमार्य मुनीन्द्रदेवार्चितशेखराय ।

चन्द्रार्कवैश्वानरलोचनाय तस्मै वकाराय नमः शिवाय ॥ ४ ॥

यज्ञस्वरूपाय जटाधराय पिनाकहस्ताय सनातनाय ।

दिव्याय देवाय दिगम्बराय तस्मै यकाराय नमः शिवाय ॥ ५ ॥

पञ्चाक्षरम् इदं पुण्यं यः पठेत् शिवसन्निधौ ।

शिवलोकम् अवाप्नोति शिवेन सह मोदते ॥

Shiva Shadakshari Stotra

शिव-षड्-अक्षरः स्तोत्रम्
(6 syllabled hymn ॐ न मः शि वा य)

ॐकारं बिन्दु संयुक्तं नित्यं ध्यायन्ति योगिनः ।
कामदं मोक्षदं चैव ॐकाराय नमो नमः ॥ १

नमन्ति ऋषयो देवा नमन्त्यप्सरसां गणाः ।
नरा नमन्ति देवेशं नकाराय नमो नमः ॥ २

महादेवं महात्मानं महाध्यानं परायणम् ।
महापापहरं देवं मकाराय नमो नमः ॥ ३

शिवं शान्तं जगन्नाथं लोकानुग्रहकारकम् ।
शिवम् एकपदं नित्यं शिकाराय नमो नमः ॥ ४

वाहनं वृषभो यस्य वासुकिः कण्ठभूषणम् ।
वामे शक्तिधरं देवं वकाराय नमो नमः ॥ ५

यत्र यत्र स्थितो देवः सर्वव्यापी महेश्वरः ।
यो गुरुः सर्वदेवानां यकाराय नमो नमः ॥ ६

षडक्षरमिदं स्तोत्रं यः पठेत् शिव सन्निधौ ।
शिवलोकम् अवाप्नोति शिवेन सह मोदते ॥

International Alphabet of Sanskrit Transliteration (I.A.S.T.)

a	ā	i	ī	u	ū	ṛ	ṝ	ḷ	
अ	आ	इ	ई	उ	ऊ	ऋ	ॠ	ऌ	
						◌ृ	◌ॄ	◌ॢ	
e	ai	o	au	ṃ	m̐	ḥ	Ardha Visarga	oṃ	
ए	ऐ	ओ	औ	◌ं	◌ँ	◌ः	ᳲ	ॐ	
Consonants are shown with vowel 'a= अ' for uttering									
ka	क	ca	च	ṭa	ट	ta	त	pa	प
kha	ख	cha	छ	ṭha	ठ	tha	थ	pha	फ
ga	ग	ja	ज	ḍa	ड	da	द	ba	ब
gha	घ	jha	झ	ḍha	ढ	dha	ध	bha	भ
ṅa	ङ	ña	ञ	ṇa	ण	na	न	ma	म
ya	ra	la	va		ḷa	'			
य	र	ल	व		ळ	ऽ			
					Consonant only				
śa	ṣa	sa	ha		ka	क्अ = क			
श	ष	स	ह		k	क्			

The symbols ꣳ , ꣴ , ꣵ are pronounced as गुम् "gum". These are ayogavaha अयोगवाह sounds for Anusvara seen in Vedic literature due to Sandhi. The symbol य़ is a variation for य but is uttered as ज ja. We do not have IAST equivalents for these yet.

viniyogaḥ tathā ṣaḍ - aṅga - nyāsaḥ

oṃ manojūtir iti mantrasya bṛhaspatir ṛṣiḥ । bṛhatī chandaḥ । bṛhaspatir devatā । hṛdayanyāse viniyogaḥ । oṃ manojūtir juṣatāmājyasya bṛhaspatir यjñam imantanotvar iṣṭaṃ यjña§ samimandadhātu । viśvedevāsa'iha mādayantāmom̐ 2 pratiṣṭha । oṃ hṛdayāya namaḥ ॥ 1 ॥

oṃ aboddhyagnir iti mantrasya budhagaviṣṭhirā ṛṣiḥ । triṣṭup chandaḥ । agnir devatā । śironyāse viniyogaḥ । oṃ aboddhyagniḥ samidhā janānām prati dhenu mivāyatīmuṣāsam । यhvā' ivapravayā mujjihānāḥ prabhānavaḥ sisrate nākamaccha । oṃ śirase svāhā ॥ 2 ॥

oṃ mūrddhānam iti mantrasya bharadvāja ṛṣiḥ । triṣṭup chandaḥ । agnir devatā । śikhānyāse viniyogaḥ । oṃ mūrddhānandivo'aratimpṛthivyā vaiśvā naramṛta' ājātam agnim । kavi§ samrāja matithiñ janānām āsannā pātrañ janayanta devāḥ । oṃ śikhāyai vaṣaṭ ॥ 3 ॥

oṃ marmmāṇi te iti mantrasya apratiratha ṛṣiḥ । virāṭ chandaḥ । marmmāṇi devatā । kavacanyāse viniyogaḥ । oṃ marmmāṇi te varmaṇācchādayāmi somas tvā rājā mṛte nānuvas tām । urorvarīyo varuṇas te kṛṇotu jayantantvā nu devāmadantu ।oṃ kavacāya hum ॥ 4 ॥

oṃ viśvataś cakṣur iti mantrasya viśvakarmābhauvana ṛṣiḥ । triṣṭup chandaḥ । viśvakarmā devatā । netranyāse viniyogaḥ । oṃ viśvataś cakṣuruta viśvato mukho viśvato bāhuruta viśvatas pāt । sambāhubhyāndhamati sampatattrairdyāvābhūmī janayandeva' ekaḥ | oṃ netratrayāya vauṣaṭ || 5 ||

oṃ mānastoke iti mantrasya parameṣṭhī ṛṣiḥ | jagatī chandaḥ | eko rudro devatā | astranyāse viniyogaḥ | mā nastoke tanaye mā na āyuṣi mā no goṣu mā no aśveṣu rīriṣaḥ | mā no vīrān rudra bhāmino vadhīr haviṣmantaḥ sadamittvā havāmahe | oṃ astrāya phaṭ || 6 ||

dhyānam
dhyāyennityaṃ maheśaṃ rajatagirinibhaṃ cārucandrāvataṃsaṃ ratnākalpoj jvalāṅgaṃ paraśumṛgavarābhīti hastaṃ prasannam | padmāsīnaṃ samantāt stutamamaragaṇair vyāghrakṛttiṃ vasānaṃ viśvādyaṃ viśvabījaṃ nikhilabhayaharaṃ pañcavaktraṃ trinetram ||

atha prathamo'dhyāyaḥ 1st Chapter
śrī gaṇeśāya namaḥ | hariḥ oṃma |

gaṇānān tvā gaṇapatiᳵ havāmahe priyāṇān tvā priyapatiᳵ havāmahe nidhīnān tvā nidhipatiᳵ havāmahe vaso mama | āhamajāni garbhadhamāt tvam ajāsi garbhadham || 1 || gāyatrī triṣṭub jagatya nuṣṭup paṅktyā saha | bṛhat tyuṣṇihā kakupsūcībhiḥ śammyantu tvā || 2 || dvipadā यāś catuṣpadās tripadā यāś ca ṣaṭpadāḥ | vicchandā यāśca sacchandās sūcībhiḥ śamyantu tvā || 3 || sahas tomāḥ sahacchandasa'āvṛtaḥ sahapramā ṛṣayaḥ sapta daivyāḥ | pūrveṣāṃ panthāmanudṛśya dhīrā'anvālebhire rathyo na raśmīn ॥ 4 ॥

Shiva Sankalpa

यj jāgrato dūramudaiti daivanta dusuptasya tathaivaiti । dūraṅgañ jyotiṣāñ jyotirekan tanme manaḥ śivasaṅkalpamastu ॥ 5 ॥ यena karmāṇyapaso manīṣiṇo यjñe kṛṇvanti vidatheṣudhīrāḥ । यd apūrvaṃ यkṣamantaḥ prajānān tanme manaḥ śivasaṅkalpamastu ॥ 6 ॥ यt prajñānamutaceto dhṛtiśca यj jyotirantaramṛtaṃ prajāsu । यsmānna'ṛte kiñcana karma kriyate tanme manaḥ śivasaṅkalpamastu ॥ 7 ॥ यenedam bhūtam bhuvanam bhaviṣyat parigṛhītamamṛtena sarvam । yena यjñas tāyate sapta hotā tanme manaḥ śivasaṅkalpamastu ॥ 8 ॥ यsmin ṛcas sāma यjūँṣi यsmin pratiṣṭhitā rathanā bhāvivārāḥ । यsmim̐ś cittaꣳ sarvamotam prajānāṃ tanme manaḥ śivasaṅkalpamastu ॥ 9 ॥ suṣārathiraśvāniva यn manuṣyānne nīyate bhīśubhirvājina'iva । hṛt pratiṣṭhȧ यd ajirañ javiṣṭhan tanme manaḥ śivasaṅkalpamastu ॥ 10 ॥

atha dvitīyo'dhyāyaḥ 2nd Purusha Suktam

hariḥ oṃma ।

sahasraśīrṣā puruṣaḥ sahasrākṣaḥ sahasrapāt । sa bhūmiꣳ sarvata spṛttvāttyatiṣṭhad daśāṅgulam ॥ 1 ॥ puruṣa'evedaꣳ sarvaṃ यdbhūtaṃ यcca bhāvyam । utāmṛtattvasyeśāno यd annenāti rohati ॥ 2 ॥ etāvānasya mahimātoj jyāyām̐2 śca pūruṣaḥ । pādo'sya viśvā bhūtāni tripādasyāmṛtan divi ॥ 3 ॥ tripādūrdhva'udaitpuruṣaḥ pādo'syehā''bhavat punaḥ । tato viṣvaṅvyakrāmat sāśanānaśane abhi ॥ 4 ॥ tato virāḍ ajāyata virājo'adhipūruṣaḥ । sa jāto atyaricyata paścād bhūmim atho puraḥ ॥ 5 ॥ tasmād yajñāt sarvahutaꣳ sambhṛtampṛṣadājyam । paśūm̐stām̐ścakre vāyavyān āraṇyā grāmyāśca यe ॥ 6 ॥ tasmād yajñāt sarvahuta'ṛcaꣳ sāmāni jajñire । chandāꣳsi jajñire tasmād yajus tasmād ajāyata ॥ 7 ॥ tasmād aśvā'ajāyanta यe ke cobhayādataḥ । gāvo ha jajñire tasmāt tasmāj jātā'ajāvayaḥ ॥ 8 ॥ taṃ यjñambarhiṣi praukṣan puruṣañ jātam agrataḥ । tena devā ayajanta sādhyā ṛṣayaśca यe ॥ 9 ॥ यt puruṣaṃ vyadadhuḥ katidhā vyakalpayan । mukhaṅkim asyāsīt kimbāhū kim ūrū pādā'ucyete ॥ 10 ॥ brāhmaṇo'sya mukhamāsīd bāhū rājanyaꣳ kṛtaḥ । ūrū tadasya यd vaiśyaḥ padbhyāꣳ śūdro'ajāyata ॥ 11 ॥ candramā manaso jātaś cakṣo sūryo ajāyata । śrotrād vāyuśca prāṇaśca mukhād agnir ajāyata ॥ 12 ॥ nābhyā'āsīd antarikṣaꣴ śīrṣṇo dyauḥ samavarttata । padbhyām bhūmir diśaꣳ śrotrāt tathā lokām̐2 । akalpayan ॥ 13 ॥ यt puruṣeṇa haviṣā devā यjñam atanvata । vasanto'syā sīdājyaṅ grīṣma'idhmaḥ śarad dhaviḥ ॥ 14 ॥ saptāsyāsan paridhayas triḥ sapta samidhaḥ kṛtāḥ । devā यd yajñan tanvānā'abadhnan puruṣam paśum ॥ 15 ॥ यjñena यjñam ayajanta devās tāni dharmāṇi prathamānyāsan । te ha nākam mahimānaḥ sacanta यtra pūrve sādhyāḥ santi devāḥ ॥ 16 ॥ adbhayaḥ sambhṛtaḥ pṛthivyai rasācca viśvakarmaṇaꣳ

samavarttatāgre | tasya tvaṣṭā vidadhadrūpameti tan martyasya devatvam ājānam agre || 17 || vedāhametaṃ puruṣaṃ mahāntam ādityavarṇan tamasaḥ parastāt | tameva viditvāti mṛtyumeti nānyaḥ panthā vidyate'yanāya || 18 || prajāpatiścarati garbhe'antarajāyamāno bahudhā vijāyate | tasya yonim paripaśyanti dhīrās tasmin hatasthur bhuvanāni viśvā || 19 || ष्o devebhya'ātapati ष्o devānāṃ purohitaḥ | pūrvo ष्o devebhyo jāto namo rucāya brāhmaye || 20 || rucaṃ brāhmañ janayanto devā agre tad abruvan | ष्stvaivaṃ brāhmaṇo vidyāt tasya devā'asan vaśe || 21 || śrīśca te lakṣmīśca patknyāva horātre pārśve nakṣatrāṇi rūpam aśvinau vyāttam | iṣṇanniṣāṇa amuṃ'iṣāṇa sarva lokam ma'iṣāṇa || 22 ||

atha tṛtīyo'dhyāyaḥ 3rd Chapter

hariḥ oṃma |

āśuḥ śiśāno vṛṣabho na bhīmo ghanāghanaḥ kṣobhaṇaścarṣaṇīnām | saṅkrandano nimiṣa eka vīraḥ śataঃ senā'ajayat sākam indraḥ || 1 || saṅkrandanenā nimiṣeṇa jiṣṇunā ष्ut kāreṇa duścya vanena dhṛṣṇunā | tadindreṇa jayata tat sahadhvaṃ ष्udho nara'iṣuhastena vṛṣṇā || 2 || sa'iṣuhastaiḥ saniṣaṅgibhirvaśīsaঁ sraṣṭā sayudha'indro gaṇena | saঃ sṛṣṭajit somapā bāhu śardhyugra dhanvā prati hitābhirastā || 3 || bṛhaspate paridīyā rathena rakṣohāmitrāṁ2 | apabādhamānaḥ | prabhañ jantsenāḥ pramṛṇoष्udhā jayann asmākamedhyavitārathānām || 4 ||

balavijñāya sthaviraḥ pravīraḥ sahasvān vājī sahamāna'ugraḥ । abhivīro'abhisattvā sahojā jaitram indra rathamā tiṣṭha govit ॥ 5 ॥ gotrabhidaṅ govidaṃ vajrabāhuñ jayantam ajma pramṛṇantamojasā । imaꣳ sajātā'anuvīrayaddhvamindraꣳ sakhāyo' anusaꣳ rabhadhvam ॥ 6 ॥ abhi gotrāṇi sahasā gāhamāno dayovīraḥ śatamanyur indraḥ । duśca yavanaḥ pṛtanāṣāḍa yuddhyo'smākaꣳ senā'avatu prayutsu ॥ 7 ॥ indra'āsān netā bṛhaspatir dakṣiṇā यjñaḥ pura etu'somaḥ । deva senānām abhibhañjatīnāñ jayantīnām maruto यntvagram ॥ 8 ॥ indrasya vṛṣṇo varuṇasya rājña ādityānām marutāꣳ śarddh ugram । mahāmanasām bhuvanacyavānāṅ ghoṣo devānāñ jayatā mudasthāt ॥ 9 ॥ uddharṣaya maghavannā yudhān yutsattvanām māmakānām manāꣳsi । ud vṛtrahan vājināṃ vājināṃ yudrathānāñ jayatāṃ यntu ghoṣāḥ ॥ 10 ॥ asmākam indraḥ samṛteṣu dhvajeṣvasmākaṃ यā iṣavastā jayantu । asmākaṃ vīrā uttare bhavantvasmām̐2 । udevā avatā haveṣu ॥ 11 ॥amīṣāñ cittam pratilobhayantī gṛhāṇāṅgān yapve parehi । abhi prehi nirddaha hṛtsu śokai randhenā mitrās tamasā sacantām ॥ 12 ॥ avasṛṣṭā parāpata śaravye brahma saꣳ śite । gacchāmitrān prapadyasva māmīṣāṅ kañcanocchiṣaḥ ॥ 13 ॥ pretā jayatā nara indro vaḥ śarma यcchatu । ugrā vaḥ santu bāhavo nādhṛṣyā यthāsatha ॥ 14 ॥ asau यā senā marutaḥ pareṣām abhyaiti na ojasā spardhamānā । tāṅ gūhata tamasā pavratena यthāmī anyo anyan ajānan ॥ 15 ॥ yatra bāṇāḥ sampatanti kumārā viśikhā iva । tanna indro bṛhaspatir aditiḥ śarmma यcchatu viśvāhā śarmma यcchatu || 16 || marmmāṇi te varmaṇā chādayāmi somastvā rājā'mṛtenānu vastām | urorvarīyo varuṇaste kṛṇotu jayantan tvā'nu devāmadantu || 17 ||

atha caturtho'dhyāyaḥ 4th Chapter

hariḥ oṃma |

vibhrāḍ bṛhat pibatu somyam madhvā yurddadhad yajñapatā vavihrutam | vāta jūto यo abhirakṣatmanā prajāḥ pupoṣa purudhā virājati || 1 || udutyañ jātaveda sandevaṃ vahanti ketavaḥ | dṛśe viśvāya sūrयm || 2 || यenā pāvaka cakṣasā bhuraṇyan tañ janām̐2 | anu | tvaṃ varuṇa paśyasi || 3 || daivyā vadhvarयū āgataऽ rathena sūrय tvacā | madhvā यjñaऽ samañjāthe | tam pratknathā ayaṃ venaścitran devānām || 4 || tam pratknathā pūrvathā viśvathemathā jyeṣṭhatātim barhiṣadaॱ svarvidam | pratīcīnaṃ vṛjanan dohase dhunimāśuñ jayantamanu yā suvarddhase || 5 || ayaṃ venaś codayatpṛśni garbhā jyotir jarāyū rajasovimāne | imama pāॱ saṅgame sūrयsya śiśun na viprā matibhīrihanti || 6 || citran devānām udagād anīkañ cakṣur mitrasya varuṇasya agneḥ | āprā dyāvā pṛthivī antarikṣaऽ sūrय ātmā jagatas tasthuṣaśca || 7 || āna iḍābhir vidathe suśasti viśvānaras savitā deva etu | apiयthā yuvāno matsathā no viśvañ jagadabhi pittve manīṣā || 8 || यd adya kacca vṛtrahannudagā abhi sūrय | sarvan tad indra te vaśe || 9 || taraṇir viśvadarśato jyotiṣ kṛdasi sūrय | viśva mā bhāsi rocanam || 10 || tat sūrयsya devatvan tan mahitvam addhyā karttor vitataऽ sañjabhāra । यdedayukta haritaḥ sadhasthādād drātrī vāsas tanute simasmai ॥ 11 ॥ tan mitrasya varuṇasya abhicakṣe sūrयo rūpaṅ kṛṇute dyorupasthe । ananta manyad druśadasya pājaḥ kṛṣṇamanyad dharitaḥ sambharanti ॥ 12 ॥ baṇmahām̐ 2 । asi sūrय baḍādittya mahām̐2 । asi । mahaste sato mahimā panasya teddhā deva mahām̐2 । asi ॥ 13 ॥ baṭ sūrय śravasā mahām̐2 । asi satrā deva mahām̐2 । asi । mannhā devānāmasurयḥ purohito vibhu jyotir adābhyam ॥ 14 ॥ śrāyanta iva sūrयṃ viśved indrasya bhakṣata । vasūni jātejanamāna ojasā pratibhāgan na dīdhim ॥ 15 ॥ adyā devā uditā sūrयsya niraऽ hasaḥ pipṛtā niravad yāt । tanno mitro varuṇo māma hantāmaditiḥ sindhuḥ pṛthivī uta dyauḥ ॥ 16 ॥ ākṛṣṇena rajasā varttamāno niveśayannamṛtam martyañ ca । hiraṇya yena savitā rathenā devo यāti bhuvanāni paśyan ॥ 17 ॥

atha pañcamo'dhyāyaḥ 5th Chapter Namakam

hariḥ oṃma । bhūr bhuvas svaḥ ।

oṃ namaste rudra manyava utota iṣave namaḥ । bāhubhyāmuta te namaḥ । 1 । यā te rudra śivā tanūraghorā'pāpakāśinī । tayā nastannvā śantamayā giriśantābhicākaśīhi । 2 । यāmiṣuṅgiriśanta haste bibharṣyastave । śivāṅ giritra tāṅ kuru mā hiऽsīḥ puruṣañ jagat । 3 । śivena vacasā tvā giriśācchāvadāmasi । यthā naḥ sarvamijagadayakṣmaऽ sumanā asat । 4 ।

adhyavocadadhivaktā prathamo daivyo bhiṣak । ahīm̐śca sarvāñ jambhayantsarvāśca यātudhānyo'dharācīḥ parāsuva । 5 । asau यstāmro aruṇa uta babhruḥ sumaṅgalaḥ । यe cainaṁ rudrā abhito dikṣu śritāḥ sahasraśo'vaiṣāॅ heḍa īmahe । 6 । asau यo'vasarpati nīlagrīvo vilohitaḥ । utainaṅgopā adṛśannadṛśan nudahārयḥ sa dṛṣṭo mṛḍayāti naḥ । 7 । namostu nīlagrīvāya sahasrākṣāya mīḍhuṣe । atho यe asya sattvāno'han tebhyo'karan namaḥ । 8 । pramuñca dhanvanas tvam ubhayo rārtknyorjyām । यāśca te hasta iṣavaḥ parā tā bhagavo vapa । 9 । vijyan dhanuḥ kapardino viśalyo bāṇavām̐2 । uta । aneśannasya यā'iṣava ābhurasya niṣaṅgadhiḥ । 10 । यā te hetirmīḍhuṣṭama haste babhūva te dhanuḥ । tayā'smān viśvatastvamayakṣmayā paribbhuja । 11 । pari te dhanvano hetir asmān vṛṇaktu viśvataḥ । atho य'iṣudhistavāre asman nidhehi tam । 12 । avatattya dhanuṣṭvaॅ sahasrākṣa śateṣudhe । niśīrय śalyānām mukhā śivo naḥ sumanā bhava । 13 । namasta āyudhāyānātatāya dhṛṣṇave । ubhābhyāmuta te namo bāhubhyān tava dhanvane । 14 । mā no mahāntamuta mā no arbhakaṃ mā na ukṣantamuta mā na ukṣitam । mā no'vadhīḥ pitaraṃ mota mātaraṃ mā naḥ priyāstanvo rudra rīriṣaḥ । 15 । mā nastoke tanaye mā na āyuṣi mā no goṣu mā no aśveṣu rīriṣaḥ । mā no vīrān rudra bhāmino vadhīr haviṣmantaḥ sadamittvā havāmahe । 16 ।

namo hiraṇyabāhave senānye diśāñ ca pataye namo namo vṛkṣebhyo harikeśebhyaḥ paśūnāṃ pataye namo namaḥ śaṣpiñjarāya tviṣīmate pathīnāṃ pataye namo namo harikeśāyopavītine puṣṭānāṃ pataye namo I 17 I namo babhluśāya vyādhine'nnānāṃ pataye namo namo bhavasya hetyai jagatāṃ pataye namo namo rudrāyātatāyine kṣetrāṇāṃ pataye namo namaḥ sūtāyāhantyai vanānāṃ pataye namo I 18 I namo rohitāya sthapataye vṛkṣāṇāṃ pataye namo namo bhuvantaye vārivaskṛtā yauṣadhīnāṃ pataye namo namo mantriṇe vāṇijāya kakṣāṇāṃ pataye namo nama uccair ghoṣāyā krandayate pattīnāṃ pataye namo I 19 I

namaḥ kṛtsnāyatayā dhāvate sattvanāṃ pataye namo namaḥ sahamānāya nivyādhina āvyādhinīnāṃ pataye namo namo niṣaṅgiṇe kakubhāya stenānāṃ pataye namo namo nicerave paricarāyāraṇyānāṃ pataye namo I 20 I namo vañcate parivañcate stāyūnāṃ pataye namo namo niṣaṅgiṇa iṣudhimate taskarāṇāṃ pataye namo namaḥ sṛkāyibhyo jighāँsadbhyo muṣṇatāṃ pataye namo namo'simadbhyo naktaṃcaradbhyo vikṛntānāṃ pataye namaḥ I 21 I nama uṣṇīṣiṇe giricarāya kuluñcānāṃ pataye namo nama iṣumadbhyo dhanvāvibhyaśca vo namo nama ātanvānebhyaḥ pratidadhānebhyaśca vo namo nama āyacchadbhyo syadbhyaśca vo namo I 22 I namo visṛjadbhyo vidhyadbhyaśca vo namo namaḥ svapadbhyo jāgradbhyaśca vo namo namaḥ śayānebhya āsīnebhyaśca vo namo namas tiṣṭhdbhyo dhāvadbhyaśca vo namo I 23 I

namaḥ sabhābhyaḥ sabhāpatibhyaśca vo namo namo'śvebhyo'śvapatibhyaśca vo namo nama āvyādhinībhyo vividhyantībhyaśca vo namo nama ugaṇābhyastṛँhatībhyaśca vo namo I 24 I namo gaṇebhyo gaṇapatibhyaśca vo namo namo vrātebhyo vrātapatibhyaśca vo namo namo gṛtsebhyo gṛtsapatibhyaśca vo namo namo virūpebhyo viśvarūpebhyaśca vo namo । 25 । namaḥ senābhyaḥ senānibhyaśca vo namo namo rathibhyo'rathebhyaśca vo namo namaḥ kṣattṛbhyaḥ saṅgrahītṛbhyaśca vo namo namo mahadbhyo arbhakebhyaśca vo namaḥ । 26 । namas takṣabhyo rathakārebhyaśca vo namo namaḥ kulālebhyaḥ karmārebhyaśca vo namo namo niṣādebhyaḥ puñjiṣṭebhyaśca vo namo namaḥ śvanibhyo mṛgayubhyaśca vo namo । 27 । namaḥ śvabhyaḥ śvapatibhyaśca vo namo namo bhavāya ca rudrāya ca namaḥ śarvāya ca paśupataye ca namo nīlagrīvāya ca śitikaṇṭhāya ca । 28 ।

namaḥ kapardine ca vyuptakeśāya ca namaḥ sahasrākṣāya ca śatadhanvane ca namo giriśayāya ca śipiviṣṭāya ca namo mīḍhuṣṭamāya ceṣumate ca । 29 । namo hrasvāya ca vāmanāya ca namo bṛhate ca varṣīyase ca namo vṛddhāya ca savṛdhe ca namo agryāya ca prathamāya ca । 30 । nama āśave cājirāya ca namaḥ śīghryāya ca śībhyāya ca nama ūrmyāya cāvasvanyāya ca namo nādeyāya ca dvīpyāya ca । 31 ।

namo jyeṣṭhāya ca kaniṣṭhāya ca namaḥ pūrvajāya cāparajāya ca namo madhyamāya cāpagalbhāya ca namo jaghanyāya ca budhnyāya ca । 32 । namaḥ sobhyāya ca pratisarय़āya ca namo य़āmyāya ca kṣemyāya ca namaḥ ślokyāya cā'vasānyāya ca nama urvaryāya ca khalyāya ca । 33 । namo vanyāya ca kakṣyāya ca namaḥ śravāya ca pratiśravāya ca nama āśuṣeṇāya cāśurathāya ca namaḥ śūrāya cāvabhedine ca । 34 । namo bilmine ca kavacine ca namo varmiṇe ca varūthine ca namaḥ śrutāya ca śrutasenāya ca namo dundubhyāya cāhananyāya ca I 35 I

namo dhṛṣṇave ca pramṛśāya ca namo niṣaṅgiṇe ceṣudhimate ca namastīkṣṇeṣave cāyudhine ca namaḥ svāyudhāya ca sudhanvana ca I 36 I namaḥ srutyāya ca pathyāya ca namaḥ kāṭyāya ca nīpyāya ca namaḥ kulyāya ca sarasyāya ca namo nādeyāya ca vaiśantāya ca I 37 I namaḥ kūpyāya cāvaṭyāya ca namo vīdhryāya cātapyāya ca namo meghyāya ca vidyutyāya ca namo varṣyāya cāvarṣyāya ca I 38 I

namo vātyāya ca reṣmyāya ca namo vāstavyāya ca vāstupāya ca namaḥ somāya ca rudrāya ca namas tāmrāya cāruṇāya ca I 39 I namaḥ śaṅgave ca paśupataye ca nama ugrāya ca bhīmāya ca namo'grevadhāya ca dūrevadhāya ca namo hantre ca hanīyase ca namo vṛkṣebhyo harikeśebhyo namas tārāya I 40 I namaḥ śambhavāya ca mayobhavāya ca namaḥ śaṅkarāya ca mayaskarāya ca namaḥ śivāya ca śivatarāya ca I 41 I namaḥ pārषāya cāvārषāya ca namaḥ prataraṇāya cottaraṇāya ca namas tīrthyāya ca kūlyāya ca namaḥ śaṣpyāya ca phenyāya ca I 42 I namaḥ sikattyāya ca pravāhषā ca namaḥ kiऽśilāya ca kṣayaṇāya ca namaḥ kapardine ca pulastaye ca nama iriṇyāya ca prapathyāya ca I 43 I

namo vrajyāya ca goṣṭhyāya ca namas talpyāya ca gehyāya ca namo hradaषāya ca niveṣpyāya ca namaḥ kāṭyāya ca gahvareṣṭhāya ca I 44 I namaḥ śuṣkyāya ca harityāya ca namaḥ pāँsavyāya ca rajasषāya ca namo lopyāya colapyāya ca nama ūrvyāya ca sūrvyāya ca I 45 I namaḥparṇāya ca parṇaśadāya ca nama udguramāṇāya cābhighnate ca nama ākhkhidate ca prakhkhidate ca nama iṣukṛdbhyo dhanuṣkṛdbhyaśca vo namo namo vaḥ kirikebhyo devānāꣳ hṛdayebhyo namo vicinvatkebhyo namo vikṣiṇatkebhyo nama ānirhatebhyaḥ । 46 ।

drāpe andhasaspate daridra nīlalohita । āsāṃ prajānām eṣām
paśūnām mā bhermā'roṅmo canaḥ kiñcanāmamat । 47 । imā
rudrāya tavase kapardine kṣayadvīrāya prabharāmahe matīḥ ।
यthā śamasad dvipade catuṣpade viśvaṃ puṣṭaṅ grāme
asminnanāturam । 48 । यā te rudra śivā tanūḥ śivā viśvāhā
bheṣajī । śivā rutasya bheṣajī tayā no mṛḍa jīvase । 49 ।
pariṇo rudrasya hetirvṛṇaktu pari tveṣasya durmatir aghāyoḥ ।
ava sthirā maghavadbhayastanuṣva mīḍhvastokāya tanayāya
mṛḍa । 50 । mīḍhuṣṭama śivatama śivo naḥ sumanā bhava ।
parame vṛkṣa āyudhan nidhāya kṛttim̐ vasāna ācara pinākaṃ
bibhradāgahi । 51 । vikirida vilohita namaste astu bhagavaḥ ।
यāste sahasraꣴ hetayo'nnyam asmannivapantu tāḥ । 52 ।
sahasrāṇi sahasraśo bāhvostava hetayaḥ । tāsāmīśāno
bhagavaḥ parācīnā mukhā kṛdhi । 53 ।

asaṅkhyātā sahasrāṇi यe rudrā adhi bhūmyām ।
teṣāꣳ sahasrayojane'vadhanvāni tanmasi । 54 ।
asmin mahattyarṇave'ntarikṣe bhavā adhi ।
teṣāꣳ sahasrayojane'vadhanvāni tanmasi । 55 ।
nīlagrīvāḥ śitikaṇṭhā divaꣴ rudrā upaśritāḥ ।
teṣāꣳ sahasrayojane'vadhanvāni tanmasi । 56 ।

nīlagrīvāḥ śitikaṇṭhāḥ śarvā adhaḥ kṣamācarāḥ ।

teṣāँ sahasrayojane'vadhanvāni tanmasi । 57 ।

ये vṛkṣeṣu śaṣpiñjarā nīlagrīvā vilohitāḥ ।

teṣāँ sahasrayojane'vadhanvāni tanmasi । 58 ।

ये bhūtānām adhipatayo viśikhāsaḥ kapardinaḥ ।

teṣāँ sahasrayojane'vadhanvāni tanmasi । 59 ।

ये pathāṃ pathirakṣaya ailabṛdā āyurयudhahaḥ ।

teṣāँ sahasrayojane'vadhanvāni tanmasi । 60 ।

ये tīrthāni pracaranti sṛkāhastā niṣaṅgiṇaḥ ।

teṣāँ sahasrayojane'vadhanvāni tanmasi । 61 ।

ये'nneṣu vividhyanti pātreṣu pibato janān ।

teṣāँ sahasrayojane'vadhanvāni tanmasi । 62 ।

य etāvantaśca bhūyāँsaśca diśo rudrā vitasthire ।

teṣāँ sahasrayojane'vadhanvāni tanmasi । 63 ।

namo'stu rudrebhyo ये divi येṣāmँ varṣamiṣavaḥ । tebhyo daśa prācīrdaśa dakṣiṇā daśa pratīcīrdaśodīcīrdaśordhvāḥ । tebhyo namo astu te no'vantu te no mṛḍayantu te यn dviṣmo यśca no dveṣṭi tam eṣāñ jambhe dadhmaḥ । 64 ।

namo'stu rudrebhyo ये'ntarikṣe येṣāmँvāta iṣavaḥ । tebhyo daśa prācīrdaśa dakṣiṇā daśa pratīcīrdaśodīcīrdaśordhvāḥ । tebhyo namo astu te no'vantu te no mṛḍayantu te यn dviṣmo यśca no dveṣṭi tam eṣāñ jambhe dadhmaḥ । 65 ।

namo'stu rudrebhyo ये pṛthivyāṃ येṣāmannam Iṣavaḥ । tebhyo daśa prācīrdaśa dakṣiṇā daśa pratīcīrdaśodīcīrdaśordhvāḥ । tebhyo namo astu te no'vantu te no mṛḍayantu te यn dviṣmo यśca no dveṣṭi tam eṣāñ jambhe dadhmaḥ ॥ 66 ॥

atha ṣaṣṭho'dhyāyaḥ 6th Chapter
hariḥ oṃma |

vayaᵍ somavratetavamanas tanūṣubibhrataḥ | prajāvantaḥ sacemahi ॥ 1 ॥ eṣate rudra bhāgaḥ sahasvasrā'mbikayātañ juṣasvas vāhaiṣate rudra bhāga ākhus te paśuḥ ॥ 2 ॥ ava rudra madīhयvadevan tryambakam | यthānovasya saskarad yathānaḥ śreyasa skarad yathāno vyavasāyayāt ॥ 3 ॥ bheṣajamasi bheṣajaṅgave'śvāya puruṣāya bheṣajam | sukham eṣāyameṣyai ॥ 4 | tryambakaṃ यjāmahe sugandhim puṣṭivardhanam | urvārukamiva bandhanān mṛtyor mukṣīya mā'mṛtāt ॥ tryambakaṃ यjāmahe sugandhim pativedanam | urvārukamiva bandhanād ito mukṣīya māmutaḥ ॥ 5 ॥ etat te rudrā'vasantena paromūjavato'tīhi | ava tat adhanvāpinākāvasaḥ kṛtti vāsā ahiᵍ sannaḥ śivo'tīhi ॥ 6 ॥ tryāyuṣañ jamadagneḥ kaśyapasya tryāyuṣam | यd deveṣu tryāyuṣan tanno astu tryāyuṣam ॥ 7 ॥ śivo nāmāsi svadhitiste pitā namaste astu māmāhiᵍ sīḥ | nivartta yāmyāyuṣe'nnādyāya prajananāya rāyas poṣāya suprajāstvāya suvīrयāya ॥ 8 ॥

atha saptamo'dhyāyaḥ 7th Chapter
hariḥ oṃma |

ugraśca bhīmaśca dhvāntaśca dhuniśca |

sāsahvām̐ścābhiyugvā ca vikṣipas svāhā ॥ 1 ॥ agniꣳ hṛdaye nāśaniꣳ hṛdayāgreṇa paśupatiṅ kṛtsna hṛdayena bhavaṃ ꣳknā । śarvaṃ matasnābhyāmīśānam manyunā mahādevam antaḥ parśavyenogran devaṃ vaniṣṭhunā vasiṣṭhahanuḥ śiṅgīni kośyābhyām ॥ 2 ॥ ugram̐ lohitena mitraꣳ sauvratyena rudran daurvratye nendram pakrīḍena maruto balena sādhyān pramudā । bhavasya kaṇṭhyaꣳ rudrasyāntaḥ । pārśvya mahādevasya ꣳkṛccharvasya vaniṣṭhuḥ paśupateḥ purītat ॥ 3 ॥ lom abhyaḥ svāhā lom abhyaḥ svāhā tvace svāhā tvace svāhā । lohitāya svāhā lohitāya svāhā medobhyaḥ svāhā medobhyaḥ svāhā । mā꣸ sebhyaḥ svāhā mā꣸ sebhyaḥ svāhā snāvabhyaḥ svāhā snāvabhyaḥ svāhā asthabhyaḥ svāhā asthabhyaḥ svāhā । majjabhyaḥ svāhā majjabhyaḥ svāhā retase svāhā pāyave svāhā ॥ 4 ॥ āyāsāya svāhā prāyāsāya svāhā saṃꣳāsāya svāhā viyāsāya svāhodyāsāya svāhā । śuce svāhā śocate svāhā śocamānāya svāhā śokāya svāhā ॥ 5 ॥ tapase svāhā tapyate svāhā tapyamānāya svāhā taptāya svāhā । gharmāya svāhā niṣkṛtyai svāhā prāyaścityai svāhā bheṣajāya svāhā ॥ 6 । ꣳmāya svāhā antakāya svāhā mṛtyave svāhā । brahmaṇe svāhā brahmahatyāyai svāhā viśvebhyo devebhyaḥ svāhā dyāvā pṛthivībhyā꣸ svāhā ॥ 7 ॥

atha aṣṭamo'dhyāyaḥ 8th Chapter Chamakam

hariḥ oṃma ।

vājaśca me prasavaśca me prayatiśca me prasitiśca me dhītiśca me kratuśca me svaraśca me ślokaśca me śravaśca me śrutiśca me jyotiśca me svaśca me ꣳjñena kalpantām । 1 । prāṇaśca me'pānaśca me vyānaśca me'suśca me cittañ ca ma ādhītañ ca me vāk ca me manaśca me cakṣuśca me śrotrañ ca me dakṣaśca me balañ ca me यjñena kalpantām । 2 । ojaśca me sahaśca ma ātmā ca me tanūśca me śarma ca me varma ca me'ṅgāni ca me'sthīni ca me parūँṣi ca me śarīrāṇi ca ma āyuśca me jarā ca me यjñena kalpantām । 3 ।

jyaiṣṭhyañ ca ma ādhipatyañ ca me manyuśca me bhāmaśca me'maśca me'mbhaśca me jemā ca me mahimā ca me varimā ca me prathimā ca me varṣimā ca me drāghimā ca me vṛddhañ ca me vṛddhiśca me यjñena kalpantām । 4 । satyañ ca me śraddhā ca me jagacca me dhanañ ca me viśvañ ca me mahaśca me krīḍā ca me modaśca me jātañ ca me janiṣyamāṇañ ca me sūktañ ca me sukṛtañ ca me यjñena kalpantām । 5 । ṛtañ ca me'mṛtañ ca me'yakṣmañ ca me'nāmayacca me jīvātuśca me dīrghāyutvañ ca me'namitrañ ca me'bhayañ ca me sugañ ca me śayanañ ca me sūṣā ca me sudinañ ca me यjñena kalpantām । 6 । यntā ca me dhartā ca me kṣemaśca me dhṛtiśca me viśvañ ca me mahaśca me saṃvicca me jñātrañ ca me sūśca me prasūśca me sīrañ ca me layaśca me यjñena kalpantām । 7 ।

śañ ca me mayaśca me priyañ ca me'nukāmaśca me kāmaśca me saumanasaśca me bhagaśca me draviṇañ ca me bhadrañ ca me śreyaśca me vasīyaśca me yaśaśca me यjñena kalpantām । 8 ।

ūrkca me sūnṛtā ca me payaśca me rasaśca me ghṛtañ ca me madhu ca me sagdhiśca me sapītiśca me kṛṣiśca me vṛṣṭiśca me jaitrañ ca ma audbhidyañ ca me यjñena kalpantām । 9 । rayiśca me rāyaśca me puṣṭañ ca me puṣṭiśca me vibhu ca me prabhu ca me pūrṇañ ca me pūrṇatarañ ca me kuyavañ ca me kṣitañ ca me'nnañ ca me'kṣucca me यjñena kalpantām I 10 I vittañ ca me vedyañca me bhūtañ ca me bhaviṣyacca me sugañ ca me supatthyañca ma ṛddhañ ca ma ṛddhiśca me klṛptañ ca me klṛptiśca me matiśca me sumatiśca me यjñena kalpantām I 11 I vrīhayaśca me yavāśca me māṣāśca me tilāśca me mudgāśca me khalvāśca me priyaṅgavaśca me'ṇavaśca me śyāmākāśca me nīvārāśca me godhūmāśca me masurāśca me यjñena kalpantām I 12 I

aśmā ca me mṛttikā ca me girayaśca me parvatāśca me sikatāśca me vanaspatayaśca me hiraṇyañ ca me'yaśca me śyāmañ ca me lohañ ca me sīsañ ca me trapu ca me यjñena kalpantām I 13 I agniśca ma āpaśca me vīrudhaśca ma oṣadhayaśca me kṛṣṭapacyāśca me'kṛṣṭapacyāśca me grāmyāśca me paśava āraṇyāśca me vittañ ca me vittiśca me bhūtañ ca me bhūtiśca me यjñena kalpantām I 14 I vasu ca me vasatiśca me karma ca me śaktiśca me'rthaśca ma emaśca ma'ittyā ca me gatiśca me यjñena kalpantām I 15 I

agniśca ma indraśca me somaśca ma indraśca me savitā ca ma indraśca me sarasvatī ca ma indraśca me pūṣā ca ma indraśca me bṛhaspatiśca ma indraśca me यjñena kalpantām I 16 I mitraśca ma indraśca me varuṇaśca ma indraśca me dhātā ca ma indraśca me tvaṣṭā ca ma indraśca me marutaśca ma indraśca me viśve ca me devā indraśca me यjñena kalpantām I 17 I pṛthivī ca ma indraśca me'ntarikṣañ ca ma indraśca me dyauśca ma indraśca śca me samāśca ma indraśca me nakṣatrāṇi ca ma indraśca me diśaśca ma indraśca me यjñena kalpantām I 18 I

aꣳśuśca me raśmiśca me'dābhyaśca me'dhipatiśca ma upāꣲśuśca me'ntaryāmaśca ma aindravāyavaśca me maitrāvaruṇaśca ma āśvinaśca me pratiprasthānaśca me śukraśca me manthī ca me यjñena kalpantām । 19 ।

āgrayaṇaśca me vaiśvadevaśca me dhruvaśca me vaiśvānaraśca ma aindrāgnaśca me mahāvaiśvadevaśca me maruttvatīyāśca me niṣkevalyaśca me sāvitraśca me sārasvataśca me pātknīvataśca me hāriyojanaśca me यjñena kalpantām । 20 ।

srucaśca me camasāśca me vāyavyāni ca me droṇakalaśaśca me grāvāṇaśca me'dhiṣavaṇe ca me pūtabhṛcca ma ādhavanīyaśca me vediśca me barhiśca me'vabhṛthaśca me svagākāraśca me यjñena kalpantām । 21 ।

agniśca me gharmaśca me'rkaśca me sūrयśca me prāṇaśca me'śvamedhaśca me pṛthivī ca me'ditiśca me ditiśca me dyauśca me'ṅgulayaś śakvarayo diśaśca me यjñena kalpantām । 22 । vratañ ca ma'ṛtavaśca me tapaśca me saṃvatsaraśca me'horātre ūrvaṣṭhīve bṛhadrathantare ca me यjñena kalpantām । 23 ।

ekā ca me tisraśca me tisraśca me pañca ca me pañca ca me sapta ca me sapta ca me nava ca me nava ca ma ekādaśa ca ma ekādaśa ca me trayodaśa ca me trayodaśa ca me pañcadaśa ca me pañcadaśa ca me saptadaśa ca me saptadaśa ca me navadaśa ca me navadaśa ca ma ekaviꣳśatiśca ma ekaviꣳśatiśca me trayoviꣳśatiśca me trayoviꣳśatiśca me pañcaviꣳśatiśca me pañcaviꣳśatiśca me saptaviꣳśatiśca me saptaviꣳśatiśca me navaviꣳśatiśca me navaviꣳśatiśca ma

ekatriꣳśacca ma ekatriꣳśacca me trayastriꣳśacca me यjñena kalpantām । 24 ।
catasraśca me'ṣṭau ca me aṣṭau ca me dvādaśa ca me dvādaśa ca me ṣoḍaśa ca me ṣoḍaśa ca me viꣳśatiśca me viꣳśatiśca me caturviꣳśatiśca me caturviꣳśatiśca me'ṣṭāviꣳśatiśca me aṣṭāviꣳśatiśca me dvātriꣳśacca me dvātriꣳśacca me ṣaṭtriꣳśacca me ṣaṭtriꣳśacca me catvāriꣳśacca me catvāriꣳśacca me catuścatvāriꣳśacca me catuścatvāriꣳśacca me'ṣṭācatvāriꣳśacca me यjñena kalpantām । 25 ।
tryaviśca me tryavī ca me dityavāṭ ca me dityauhī ca me pañcāviśca me pañcāvī ca me trivatsaśca me trivatsā ca me turयvāṭ ca me turयauhī ca me यjñena kalpantām । 26 ।
paṣṭhavāṭ ca me paṣṭhauhī ca ma ukṣā ca me vaśā ca ma ṛṣabhaśca me vehacca me'naḍvām̐śca me dhenuśca me यjñena kalpantām । 27 ।

vājāya svāhā prasavāya svāhā'pijāya svāhā kratave svāhā vasave svāhā'harpataye svāhā hnemugdhāya svāhā mugdhāya vainaꣳ śināya svāhā vinaꣳ śina āntyāya nāya svāhā'ntyāya bhauvanāya svāhā bhuvanasya pataye svāhā'dhipataye svāhā prajāpataye svāhā । iyanterāṇ mitrāya यntāsi यmana ūrjettvā vṛṣṭyaittvā prajānāṃttvādhipattyāya । 28 । āyur यjñena kalpatāṃ prāṇo यjñena kalpatāñ cakṣurयjñena kalpatāꣳ śrotraṃ यjñena kalpatāṃ vāg यjñena kalpatāṃ mano यjñena kalpatām ātmā यjñena kalpatāṃ brahmā यjñena kalpatāñ jyotir यjñena kalpatāꣳ svar यjñena kalpatāṃ pṛṣṭhaṃ यjñena kalpatāṃ यjño यjñena kalpatām । stomaśca यjuśca ṛk ca sāma ca bṛha ca rathantarañ ca । svar devā aganmāmṛtā abhūma prajāpateḥ prajā abhūma veṭ svāhā ॥ 29 ॥

atha śānti adhyāyaḥ (Shanti)

hariḥ oṃma ।

ṛcaṃ vācaṃ prapadye mano यjuḥ prapadye sāma prāṇaṃ prapadye cakṣuḥ śrotraṃ prapadye । vāgojaḥ sahaujo mayi prāṇāpānau ॥ 1 ॥ यn me chidrañ cakṣuṣo hṛdayasya manaso vāti tṛṇṇam bṛhaspatir me tad dadhātu । śan no bhavatu bhuvanasya यspatiḥ ॥ 2 ॥

bhūr bhuvaḥ svaḥ । tat savitur vareṇyam bhargo devasya dhīmahi । dhiyo यo naḥ pracodayāt ॥ 3 ॥

kayānaś citra ābhuvadūtī sadāvṛdhaḥ sakhā । kayāśaciṣṭhayā vṛtā ॥ 4 ॥ kastvā satyo madānāmaဳ hiṣṭo mat sadandhasaḥ । dṛḍhāci dāru jevasu ॥ 5 ॥ abhiṣuṇaḥ sakhī nāmavitā jaritṝṇām । śatam bhavāsyūtibhiḥ ॥ 6 ॥ kayā tvanna ūttyābhi pramandasevṛṣan । kayā stotṛbhya ābhara ॥ 7 ॥ indro viśvasya rājati ।

śan no astu dvipade śañ catuṣpade ॥ 8 ॥

śan no mitraḥ śaṃ varuṇaḥ śan no bhavat varयmā । śan na indro bṛhaspatiḥ śan no viṣṇur urukramaḥ ॥ 9 ॥ śan no vātaḥ pavatāঁ śan nas tapatu sūrयḥ । śan naḥ kanikrada ddevaḥ parjanyo abhivarṣatu ॥ 10 ॥ ahāni śam bhavantu naḥ śaဳ rātrīḥ pratidhīyatām । śan na indrāgnī bhavatāmavobhiḥ śan na indrāvaruṇārāta havyā I śan na indrāpūṣaṇā vājasātau śam indrāsomā suvitāya śaṃ ꣳoḥ II 11 II

śan no devīrabhiṣṭaya āpo bhavantu pītaye I
śaṃ ꣳora bhisravantunaḥ II 12 II

syonā pṛthivi no bhavān ṛkṣarā niveśanī I
ꣳcchā naḥ śarmasa prathāḥ II 13 II

āpo hiṣṭhā mayo bhuvas tāna ūrje dadhātana I maheraṇāya cakṣase II 14 II ꣳo vaḥ śiva tamo rasas tasya bhājayate ha naḥ I uśatīriva mātaraḥ II 15 II tasmā araṅga māma vo ꣳsya kṣayāya jinvatha I āpo jana yathā ca naḥ II 16 II

dyauḥ śāntir antarikṣaꣳ śāntiḥ pṛthivī śāntir āpaḥ śāntir oṣdhayaḥ śāntiḥ I vanaspatayaḥ śāntir viśve devāḥ śāntir brahma śāntiḥ sarvaꣳ śāntiḥ śāntireva śāntiḥ sāmā śāntiredhi II 17 II

dṛtedṛꣳ hamā mitrasya mā cakṣuṣā sarvāṇi bhūtāni samīkṣantām I mitrasya ahañ cakṣuṣā sarvāṇi bhūtāni samīkṣe I mitrasya cakṣuṣā samīkṣāmahe II 18 II dṛtedṛꣳ hamā I jyokte sandṛśi jīvyā sañ jyokte sandṛśi jīvyāsam II 19 II

namaste harase śociṣe namaste astu arciṣe I annyām̐s te asmat tapantu hetayaḥ pāvako asmabhyaꣳ śivo bhava II 20 II namaste astu vidyute namastes tanayitnave I namaste bhagavan astu यतaḥ svaḥ samīhase ॥ 21 ॥

यto yataḥ samīhase tato no abhayaṅ kuru । śan naḥ kuru prajābhyo'bhayan naḥ paśubhyaḥ ॥ 22 ॥ sumitri yāna āpa oṣdhayaḥ santu durmitri yās tasmai santu यo'smān dveṣṭi यñ ca vayan dviṣmaḥ ॥ 23 ॥ taccakṣur devahitam purastācchukram uccarat । paśye maśaradaḥ śatañ jīvema śaradaḥ śataꣿ śṛṇuyāma śaradaḥ śataṃ prabravāma śaradaḥ śata madīnāḥ syāma śaradaḥ śataṃ bhūyaśca śaradaḥ śatāt ॥ 24 ॥

atha svasti prārthanā mantra adhyāyaḥ Svasti
hariḥ oṃma ।

svasti na indro vṛddhaśravāḥ । svasti naḥ pūṣā viśvavedāḥ । svasti nastārkṣyo ariṣṭanemiḥ । svasti no bṛhaspatir dadhātu ॥ 1 ॥

oṃ payaḥ pṛthivyāṃ paya oṣadhīṣu payo divyantarikṣe payo dhāḥ । payasvatīḥ pradiśaḥ santu mahयm ॥ 2 ॥

oṃ viṣṇor arāṭa masi viṣṇoḥ śnaptrestho viṣṇoḥ syūrasi viṣṇor dhruvo'si । vaiṣṇavamasi viṣṇavettvā ॥ 3 ॥

oṃ agnir devatā vāto devatā sūrयo devatā candramā devatā vasavo devatā rudrā devatā''dityā devatā maruto devatā viśvedevā devatā bṛhaspatir devatendro devatā varuṇo devatā ॥ 4 ॥

oṃ sadyojātaṃ prapadyāmi sadyojātāya vai namo namaḥ I bhave bhave nātibhave bhavasva mām I bhavodbhavāya namaḥ II 5 II

vāmadevāya namo jyeṣṭhāya namaḥ śreṣṭhāya namo rudrāya namaḥ kālāya namaḥ kalavikaraṇāya namo balavikaraṇāya namo balāya namo balapramathanāya namas sarvabhūtadamanāya namo manonmanāya namaḥ II 6 II

aghorebhyo'th aghorebhyo ghoraghoratarebhyaḥ I sarvebhyaḥ sarvaśarvebhyo namaste astu rudrarūpebhyaḥ II 7 II

tatpuruṣāya vidmahe mahādevāya dhīmahi I tanno rudraḥ pracodayāt II 8 II

īśānaḥ sarvavidyānām īśvaraḥ sarvabhūtānāṃ brahmādhipatir brahmaṇo'dhipatir brahmā śivo me astu sadā śivom II 9 II

oṃ śivo nāmāsi svadhitiste pitā namaste astu māmāhiꣳ sīḥ I nivarttayām yāyuṣe'nnādyāya prajananāya rāyas poṣāya suprajās tvāya suvīryāya II 10 II

oṃ viśvāni deva savitar duritāni parāsuva I yad bhadran tana āsuva II 11 II

oṃ dyauḥ śāntir antarikṣaꣳ śāntiḥ pṛthivī śāntir āpaḥ śāntir oṣadhayaḥ śāntiḥ I vanaspatayaḥ śāntir viśvedevāḥ śāntir brahma śāntiḥ sarvaꣳśāntiḥ śāntireva śāntiḥ sāmā śāntiredhi II

12 ||

oṃ sarveṣāṃ vā eṣa vedānāꣳ raso yat sāma sarveṣām evainam etad vedānāꣳ rase nābhiṣiñcati || 13 ||

oṃ śāntiḥ śāntiḥ śāntiḥ | suśāntir bhavatu | sarvāriṣṭa śāntir bhavatu ||

|| iti rudrāṣṭādhyāyī samāptā || end

kṣamā prārthanā

yad akṣara-pada-bhraṣṭaṃ mātrā hīnañca yad bhavet | tat sarvaṃ kṣamyatāṃ deva prasīda parameśvara || anena kṛtena śrīrudrābhiṣeka-karmaṇā śrībhavānī-śaṅkara-mahārudraḥ prīyatām na mama || oṃ śrīsāmbasadāśiva-arpaṇamastu ||

oṃ ābhir gīrbhir yadatona ūnamāpyāyaya harivo vardhamānaḥ | yadā stotṛbhyo mahi gotrā rujāsi bhūyiṣṭhabhājo adha te syāma | brahma prāvādiṣma tanno mā hāsīt || oṃ śāntiḥ śāntiḥ śāntiḥ || hariḥ oṃ ||

Rudri without Accents

NORTH INDIAN TRADITION from SHUKLA YAJURVEDA. We list the verses without accents so that the reader may see each letter and word clearly. This will also help in correct chanting.

विनियोगः तथा षड् - अङ्ग - न्यासः

ॐ मनोजूतिर् इति मन्त्रस्य बृहस्पतिर् ऋषिः । बृहती छन्दः । बृहस्पतिर् देवता । हृदयन्यासे विनियोगः । ॐ मनोजूतिर् जुषतामाज्यस्य बृहस्पतिर् यज्ञम् इमन्तनोत्वर् इष्टं यज्ञꣳ समिमन्दधातु । विश्वेदेवासऽइह मादयन्तामोँ३ प्रतिष्ठ । ॐ हृदयाय नमः ॥ १ ॥

ॐ अबोद्ध्यग्निर् इति मन्त्रस्य बुधगविष्ठिरा ऋषिः । त्रिष्टुप् छन्दः । अग्निर् देवता । शिरोन्यासे विनियोगः । ॐ अबोद्ध्यग्निः समिधा जनानाम् प्रति धेनु मिवायतीमुषासम् । यह्वाऽ इवप्रवया मुज्जिहानाः प्रभानवः सिस्रते नाकमच्छ । ॐ शिरसे स्वाहा ॥ २ ॥

ॐ मूर्द्धानम् इति मन्त्रस्य भरद्वाज ऋषिः । त्रिष्टुप् छन्दः । अग्निर् देवता । शिखान्यासे विनियोगः । ॐ मूर्द्धानन्दिवोऽअरतिम्पृथिव्या वैश्वा नरमृतऽ आजातम् अग्निम् । कविꣳ सम्राज मतिथिञ् जनानाम् आसन्ना पात्रञ् जनयन्त देवाः । ॐ शिखायै वषट् ॥ ३ ॥

ॐ मर्म्माणि ते इति मन्त्रस्य अप्रतिरथ ऋषिः । विराट् छन्दः । मर्म्माँणि देवता । कवचन्यासे विनियोगः । ॐ मर्म्माणि ते वर्मणाच्छादयामि सोमस्

त्वा राजा मृते नानुवस् ताम् । उरोर्वरीयो वरुणस् ते कृणोतु जयन्तन्त्वा नु देवामदन्तु । ॐ कवचाय हुम् ॥ ४ ॥

ॐ विश्वतश् चक्षुर् इति मन्त्रस्य विश्वकर्माभौवन ऋषिः । त्रिष्टुप् छन्दः ।

विश्वकर्मा देवता । नेत्रन्यासे विनियोगः । ॐ विश्वतश् चक्षुरुत विश्वतो मुखो विश्वतो बाहुरुत विश्वतस् पात् । सम्बाहुभ्यान्धमति सम्पतत्त्रैर्द्यावाभूमी जनयन्देवऽ एकः । ॐ नेत्रत्रयाय वौषट्॥ ५ ॥

ॐ मानस्तोके इति मन्त्रस्य परमेष्ठी ऋषिः । जगती छन्दः । एको रुद्रो देवता

। अस्त्रन्यासे विनियोगः । मा नस्तोके तनये मा न आयुषि मा नो गोषु मा नो अश्वेषु रीरिषः । मा नो वीरान् रुद्र भामिनो वधीर् हविष्मन्तः सदमित्त्वा हवामहे । ॐ अस्त्राय फट् ॥ ६ ॥

ध्यानम् Dhyanam

ध्यायेन्नित्यं महेशं रजतगिरिनिभं चारुचन्द्रावतंसं रत्नाकल्पोज् ज्वलाङ्गं परशुमृगवराभीति हस्तं प्रसन्नम् । पद्मासीनं समन्तात् स्तुतममरगणैर् व्याघ्रकृत्तिं वसानं विश्वाद्यं विश्वबीजं निखिलभयहरं पञ्चवक्त्रं त्रिनेत्रम् ॥

अथ प्रथमोऽध्यायः 1st Chapter

श्री गणेशाय नमः । हरिः ॐम ।

गणानान् त्वा गणपतिꣳ हवामहे प्रियाणान् त्वा प्रियपतिꣳ हवामहे निधीनान् त्वा निधिपतिꣳ हवामहे वसो मम । आहमजानि गर्भधमात् त्वम् अजासि गर्भधम् ॥ १ ॥ गायत्री त्रिष्टुब् जगत्य नुष्टुप् पङ्क्त्या सह । बृहत् त्युष्णिहा ककुप्सूचीभिः शम्म्यन्तु त्वा ॥ २ ॥ द्विपदा याश् चतुष्पदास् त्रिपदा याश् च

षट्पदाः । विच्छन्दा याश्च सच्छन्दास् सूचीभिः शम्यन्तु त्वा ॥ ३ ॥ सहस्तोमाः सहच्छन्दसऽआवृतः सहप्रमा ऋषयः सप्त दैव्याः । पूर्वेषां पन्थामनुदृश्य धीराऽअन्वालेभिरे रथ्यो न रश्मीन् ॥ ४ ॥

Shiva Sankalpa

यज् जाग्रतो दूरमुदैति दैवन्त दुसुप्तस्य तथैवैति । दूरङ्गञ् ज्योतिषाञ् ज्योतिरेकन् तन्मे मनः शिवसङ्कल्पमस्तु ॥ ५ ॥ येन कर्माण्यपसो मनीषिणो यज्ञे कृण्वन्ति विदथेषुधीराः । यद् अपूर्वं यक्षमन्तः प्रजानान् तन्मे मनः शिवसङ्कल्पमस्तु ॥ ६ ॥ यत् प्रज्ञानमुतचेतो धृतिश्च यज् ज्योतिरन्तरमृतं प्रजासु । यस्मान्नऽऋते किञ्चन कर्म क्रियते तन्मे मनः शिवसङ्कल्पमस्तु ॥ ७ ॥ येनेदम् भूतम् भुवनम् भविष्यत् परिगृहीतममृतेन सर्वम् । येन यज्ञस् तायते सप्त होता तन्मे मनः शिवसङ्कल्पमस्तु ॥ ८ ॥ यस्मिन् ऋचस् साम यजूंꣳषि यस्मिन् प्रतिष्ठिता रथना भाविवाराः । यस्मिँश् चित्तꣳ सर्वमोतम् प्रजानां तन्मे मनः शिवसङ्कल्पमस्तु ॥ ९ ॥ सुषारथिरश्वानिव यन् मनुष्यान्ने नीयते भीशुभिर्वाजिनऽइव । हृत् प्रतिष्ठं यद् अजिरञ् जविष्ठन् तन्मे मनः शिवसङ्कल्पमस्तु ॥ १० ॥

अथ द्वितीयोऽध्यायः 2nd Purusha Suktam

हरिः ॐम ।

सहस्रशीर्षा पुरुषः सहस्राक्षः सहस्रपात् । स भूमिꣳ सर्वत स्पृत्त्वात्त्यतिष्ठद् दशाङ्गुलम् ॥ १ ॥ पुरुषऽएवेदꣳ सर्वं यद्भूतं यच्च भाव्यम् । उतामृतत्त्वस्येशानो यद् अन्नेनाति रोहति ॥ २ ॥ एतावानस्य महिमातोज् ज्यायाँ२ श्च पूरुषः । पादोऽस्य विश्वा भूतानि त्रिपादस्यामृतन् दिवि ॥ ३ ॥ त्रिपादूर्ध्वऽउदैत्पुरुषः पादोऽस्येहाऽऽभवत् पुनः । ततो विष्वङ्व्क्रामत् साशनानशने अभि ॥ ४ ॥ ततो विराड् अजायत विराजोऽअधिपूरुषः । स

जातो अत्यरिच्यत पश्चाद् भूमिम् अथो पुरः ॥ ५ ॥ तस्माद् यज्ञात् सर्वहुतꣳ
सम्भृतम्पृषदाज्यम् । पशूँस्ताँश्चक्रे वायव्यान् आरण्या ग्राम्याश्च ये ॥ ६ ॥
तस्माद् यज्ञात् सर्वहुतऽऋचꣳ सामानि जज्ञिरे । छन्दाꣳसि जज्ञिरे तस्माद्
यजुस् तस्माद् अजायत ॥ ७ ॥ तस्माद् अश्वाऽअजायन्त ये के चोभयादतः
। गावो ह जज्ञिरे तस्मात् तस्माज् जाताऽअजावयः ॥ ८ ॥ तं यज्ञम्बर्हिषि
प्रौक्षन् पुरुषञ् जातम् अग्रतः । तेन देवा अयजन्त साध्या ऋषयश्च ये ॥ ९ ॥
यत् पुरुषं व्यदधुः कतिधा व्यकल्पयन् । मुखङ्किम् अस्यासीत् किम्बाहू किम्
ऊरू पादाऽउच्येते ॥ १० ॥ ब्राह्मणोऽस्य मुखमासीद् बाहू राजन्यꣳ कृतः ।
ऊरू तदस्य यद् वैश्यः पद्भ्याꣳ शूद्रोऽअजायत ॥ ११ ॥ चन्द्रमा मनसो
जातश् चक्षो सूर्यो अजायत । श्रोत्राद् वायुश्च प्राणश्च मुखाद् अग्निर् अजायत
॥ १२ ॥ नाभ्याऽआसीद् अन्तरिक्षꣳ शीर्ष्णो द्यौः समवर्त्तत । पद्भ्याम्
भूमिर् दिशꣳ श्रोत्रात् तथा लोकाँ२ । अकल्पयन् ॥ १३॥ यत् पुरुषेण हविषा
देवा यज्ञम् अतन्वत । वसन्तोऽस्या सीदाज्यङ् ग्रीष्मऽइध्मः शरद् धविः ॥
१४॥ सप्तास्यासन् परिधयस् त्रिः सप्त समिधः कृताः । देवा यद् यज्ञन्
तन्वानाऽअबध्नन् पुरुषम् पशुम् ॥ १५॥ यज्ञेन यज्ञम् अयजन्त देवास् तानि
धर्माणि प्रथमान्यासन् । ते ह नाकम् महिमानः सचन्त यत्र पूर्वे साध्याः सन्ति
देवाः ॥ १६॥ अद्भ्यः सम्भृतः पृथिव्यै रसाच्च विश्वकर्मणꣳ समवर्त्तताग्रे ।
तस्य त्वष्टा विदधद्रूपमेति तन् मर्त्यस्य देवत्वम् आजानम् अग्रे ॥ १७॥
वेदाहमेतं पुरुषं महान्तम् आदित्यवर्णन् तमसः परस्तात् । तमेव विदित्त्वाति
मृत्युमेति नान्यः पन्था विद्यतेऽयनाय ॥ १८॥ प्रजापतिश्चरति
गर्भेऽअन्तरजायमानो बहुधा विजायते । तस्य योनिम् परिपश्यन्ति धीरास्
तस्मिन् हतस्थुर् भुवनानि विश्वा ॥ १९ ॥ यो देवेभ्यऽआतपति यो देवानां

पुरोहितः । पूर्वो यो देवेभ्यो जातो नमो रुचाय ब्राह्मये ॥ २०॥ रुचं ब्राह्मञ्
जनयन्तो देवा अग्रे तद् अब्रुवन् । यस्त्वैवं ब्राह्मणो विद्यात् तस्य देवाऽअसन्
वशे ॥ २१॥ श्रीश्च ते लक्ष्मीश्च पत्क्न्याव होरात्रे पार्श्वे नक्षत्राणि रूपम्
अश्विनौ व्यात्तम् । इष्णन्निषाण अमुंऽइषाण सर्व लोकम् मऽइषाण ॥ २२॥

अथ तृतीयोऽध्यायः 3rd Chapter

हरिः ॐम ।

आशुः शिशानो वृषभो न भीमो घनाघनः क्षोभणश्चर्षणीनाम् । सङ्क्रन्दनो
निमिष एक वीरः शतꣳ सेनाऽअजयत् साकम् इन्द्रः ॥ १ ॥ सङ्क्रन्दनेना
निमिषेण जिष्णुना युत् कारेण दुश्च्य वनेन धृष्णुना । तदिन्द्रेण जयत तत्
सहध्वं युधो नरऽइषुहस्तेन वृष्णा ॥ २ ॥ सऽइषुहस्तैः सनिषङ्गिभिर्वशीसꣳ
स्त्रष्टा सयुधऽइन्द्रो गणेन । सꣳ सृष्टजित् सोमपा बाहु शर्ध्युग्र धन्वा प्रति
हिताभिरस्ता ॥ ३ ॥ बृहस्पते परिदीया रथेन रक्षोहामित्राँ२ । अपबाधमानः ।
प्रभञ् जन्त्सेनाः प्रमृणोयुधा जयन्न् अस्माकमेध्यविता रथानाम् ॥ ४ ॥
बलविज्ञाय स्थविरः प्रवीरः सहस्वान् वाजी सहमानऽउग्रः ।
अभिवीरोऽअभिसत्त्वा सहोजा जैत्रम् इन्द्र रथमा तिष्ठ गोवित् ॥ ५ ॥
गोत्रभिदङ् गोविदं वज्रबाहुञ् जयन्तम् अज्म प्रमृणन्तमोजसा । इमꣳ
सजाताऽअनुवीरयद्ध्वमिन्द्रꣳ सखायोऽ अनुसꣳ रभध्वम् ॥ ६ ॥ अभि
गोत्राणि सहसा गाहमानो दयोवीरः शतमन्युर् इन्द्रः । दुश्च्य यवनः पृतनाषाड
युद्ध्योऽस्माकꣳ सेनाऽअवतु प्रयुत्सु ॥ ७ ॥ इन्द्रऽआसान् नेता बृहस्पतिर्
दक्षिणा यज्ञः पुर एतुऽसोमः । देव सेनानाम् अभिभञ्जतीनाञ् जयन्तीनाम्
मरुतो यन्त्वग्रम् ॥ ८ ॥ इन्द्रस्य वृष्णो वरुणस्य राज्ञ आदित्यानाम् मरुताꣳ
शर्द्ध उग्रम् । महामनसाम् भुवनच्च्यवानाङ् घोषो देवानाञ् जयता मुदस्थात् ॥ ९
॥ उद्धर्षय मघवन्ना युधान् युत्सत्त्वनाम् मामकानाम् मनाꣳसि । उद् वृत्रहन्
वाजिनां वाजिनां युद्रथानाञ् जयतां यन्तु घोषाः ॥ १० ॥ अस्माकम् इन्द्रः

समृतेषु ध्वजेष्वस्माकं या इषवस्ता जयन्तु । अस्माकं वीरा उत्तरे भवन्त्वस्माँ२ । उदेवा अवता हवेषु ॥ ११ ॥ अमीषाञ् चित्तम् प्रतिलोभयन्ती गृहाणाङ्गान् यप्वे परेहि । अभि प्रेहि निर्दह हृत्सु शोकै रन्धेना मित्रास् तमसा सचन्ताम् ॥ १२ ॥ अवसृष्टा परापत शरव्ये ब्रह्म सꣳ शिते । गच्छामित्रान् प्रपद्यस्व मामीषाङ् कञ्चनोच्छिषः ॥ १३ ॥ प्रेता जयता नर इन्द्रो वः शर्म यच्छतु । उग्रा वः सन्तु बाहवो नाधृष्या यथासथ ॥ १४ ॥ असौ या सेना मरुतः परेषाम् अभ्यैति न ओजसा स्पर्धमाना । ताङ् गूहत तमसा पव्रतेन यथामी अन्यो अन्यन् अजानन् ॥ १५ ॥ यत्र बाणाः सम्पतन्ति कुमारा विशिखा इव । तन्न इन्द्रो बृहस्पतिर् अदितिः शर्म्म यच्छतु विश्वाहा शर्म्म यच्छतु ॥ १६ ॥ मर्म्माणि ते वर्मणा छादयामि सोमस्त्वा राजाऽमृतेनानु वस्ताम् । उरोर्वरीयो वरुणस्ते कृणोतु जयन्तन् त्वाऽनु देवामदन्तु ॥ १७ ॥

अथ चतुर्थोऽध्यायः 4th Chapter

हरिः ॐम ।

विभ्राड् बृहत् पिबतु सोम्यम् मध्वा युर्द्दधद् यज्ञपता वविहुतम् । वात जूतो यो अभिरक्षत्मना प्रजाः पुपोष पुरुधा विराजति ॥ १ ॥ उदुत्यञ् जातवेद सन्देवं वहन्ति केतवः । दृशे विश्वाय सूर्यम् ॥ २ ॥ येना पावक चक्षसा भुरण्यन् तञ् जनाँ२ । अनु । त्वं वरुण पश्यसि ॥ ३ ॥ दैव्या वध्वर्यू आगतꣳ रथेन सूर्य त्वचा । मध्वा यज्ञꣳ समञ्जाथे । तम् प्रत्क्नथा अयं वेनश्चित्रन् देवानाम् ॥ ४ ॥ तम् प्रत्क्नथा पूर्वथा विश्वथेमथा ज्येष्ठतातिम् बर्हिषदꣳ स्वर्विदम् । प्रतीचीनं वृजनन् दोहसे धुनिमाशुञ् जयन्तमनु या सुवर्द्धसे ॥ ५ ॥ अयं वेनश् चोदयत्पृश्निं गर्भा ज्योतिर् जरायू रजसोविमाने । इमम पाꣳ सङ्गमे सूर्यस्य शिशुन् न विप्रा मतिभीरिहन्ति ॥ ६ ॥ चित्रन् देवानाम् उदगाद् अनीकञ् चक्षुर् मित्रस्य वरुणस्य अग्नेः । आप्रा द्यावा पृथिवी अन्तरिक्षꣳ सूर्य आत्मा जगतस् तस्थुषश्च ॥ ७ ॥ आन इडाभिर् विदथे सुशस्ति विश्वानरस् सविता देव एतु । अपियथा युवानो मत्सथा नो विश्वञ् जगदभि पित्त्वे मनीषा ॥ ८ ॥

यद् अद्य कच्च वृत्रहन्नुदगा अभि सूर्य । सर्वन् तद् इन्द्र ते वशे ॥ ९ ॥ तरणिर् विश्वदर्शतो ज्योतिष् कृदसि सूर्य । विश्व मा भासि रोचनम् ॥ १० ॥ तत् सूर्यस्य देवत्वन् तन् महित्वम् अद्ध्या कर्त्तोर् विततꣳ सञ्जभार । यदेदयुक्त हरितः सधस्थादाद् द्रात्री वासस् तनुते सिमस्मै ॥ ११ ॥ तन् मित्रस्य वरुणस्य अभिचक्षे सूर्यो रूपङ् कृणुते द्योरुपस्थे । अनन्त मन्यद् द्रुशदस्य पाजः कृष्णमन्यद् धरितः सम्भरन्ति ॥ १२ ॥ बण्महाँ २ । असि सूर्य बडादित्त्य महाँ२ । असि । महस्ते सतो महिमा पनस्य तेद्धा देव महाँ२ । असि ॥ १३ ॥ बट् सूर्य श्रवसा महाँ२ । असि सत्रा देव महाँ२ । असि । मन्न्हा देवानामसुर्यः पुरोहितो विभु ज्योतिर् अदाभ्यम् ॥ १४ ॥ श्रायन्त इव सूर्यं विश्वेद् इन्द्रस्य भक्षत । वसूनि जातेजनमान ओजसा प्रतिभागन् न दीधिम् ॥ १५ ॥ अद्या देवा उदिता सूर्यस्य निरꣳ हसः पिपृता निरवद् यात् । तन्नो मित्रो वरुणो माम हन्तामदितिः सिन्धुः पृथिवी उत द्यौः ॥ १६ ॥ आकृष्णेन रजसा वर्त्तमानो निवेशयन्नमृतम् मर्त्यञ् च । हिरण्य येन सविता रथेना देवो याति भुवनानि पश्यन् ॥ १७ ॥

अथ पञ्चमोऽध्यायः 5th Chapter Namakam

हरिः ॐम । भूर् भुवस् स्वः ।

ॐ नमस्ते रुद्र मन्यव उतोत इषवे नमः । बाहुभ्यामुत ते नमः । १ । या ते रुद्र शिवा तनूरघोराऽपापकाशिनी । तया नस्तन्न्वा शन्तमया गिरिशन्ताभिचाकशीहि। २ । यामिषुङ्गिरिशन्त हस्ते बिभर्ष्यस्तवे । शिवाङ् गिरित्र ताङ् कुरु मा हिꣳसीः पुरुषञ् जगत् । ३ । शिवेन वचसा त्वा गिरिशाच्छावदामसि । यथा नः सर्वमिजगदयक्ष्मꣳ सुमना असत् । ४ । अध्यवोचदधिवक्ता प्रथमो दैव्यो भिषक् । अहींश्च सर्वाञ् जम्भयन्त्सर्वाश्च यातुधान्योऽधराचीः परासुव । ५ । असौ यस्ताम्रो अरुण उत बभ्रुः सुमङ्गलः । ये चैनꣳ रुद्रा अभितो दिक्षु श्रिताः सहस्रशोऽवैषाꣳ हेड ईमहे । ६ । असौ

योऽवसर्पति नीलग्रीवो विलोहितः । उतैनङ्गोपा अदृशन्नदृशन् नुदहार्यः स दृष्टो मृडयाति नः । ७ । नमोस्तु नीलग्रीवाय सहस्त्राक्षाय मीढुषे । अथो ये अस्य सत्त्वानोऽहन् तेभ्योऽकरन् नमः । ८ । प्रमुञ्च धन्वनस् त्वम् उभयो रात्क्र्योर्ज्याम् । याश्च ते हस्त इषवः परा ता भगवो वप । ९ । विज्यन् धनुः कपर्दिनो विशल्यो बाणवाँ२ । उत । अनेशन्नस्य याऽइषव आभुरस्य निषङ्गधिः । १० । या ते हेतिर्मीढुष्टम हस्ते बभूव ते धनुः । तयाऽस्मान् विश्वतस्त्वमयक्ष्मया परिब्भुज । ११ । परि ते धन्वनो हेतिर् अस्मान् वृणक्तु विश्वतः । अथो यऽइषुधिस्तवारे अस्मन् निधेहि तम् । १२ । अवतत्त्य धनुष्ट्वꣳ सहस्त्राक्ष शतेषुधे । निशीर्य शल्यानाम् मुखा शिवो नः सुमना भव । १३ । नमस्त आयुधायानातताय धृष्णवे । उभाभ्यामुत ते नमो बाहुभ्यान् तव धन्वने । १४ । मा नो महान्तमुत मा नो अर्भकं मा न उक्षन्तमुत मा न उक्षितम् । मा नोऽवधीः पितरं मोत मातरं मा नः प्रियास्तन्वो रुद्र रीरिषः । १५ । मा नस्तोके तनये मा न आयुषि मा नो गोषु मा नो अश्वेषु रीरिषः । मा नो वीरान् रुद्र भामिनो वधीर् हविष्मन्तः सदमित्त्वा हवामहे । १६ ।

नमो हिरण्यबाहवे सेनान्ये दिशाञ् च पतये नमो नमो वृक्षेभ्यो हरिकेशेभ्यः पशूनां पतये नमो नमः शष्पिञ्जराय त्विषीमते पथीनां पतये नमो नमो हरिकेशायोपवीतिने पुष्टानां पतये नमो । १७ । नमो बभ्लुशाय व्याधिनेऽन्नानां पतये नमो नमो भवस्य हेत्यै जगतां पतये नमो नमो रुद्रायाततायिने क्षेत्राणां पतये नमो नमः सूतायाहन्त्यै वनानां पतये नमो । १८ । नमो रोहिताय स्थपतये वृक्षाणां पतये नमो नमो भुवन्तये वारिवस्कृता यौषधीनां पतये नमो नमो मन्त्रिणे वाणिजाय कक्षाणां पतये नमो नम उच्चैर् घोषाया क्रन्दयते पत्तीनां पतये नमो । १९ ।

नमः कृत्स्नायतया धावते सत्त्वनां पतये नमो नमः सहमानाय निव्याधिन आव्याधिनीनां पतये नमो नमो निषङ्गिणे ककुभाय स्तेनानां पतये नमो नमो निचेरवे परिचरायारण्यानां पतये नमो । २० । नमो वञ्चते परिवञ्चते स्तायूनां पतये नमो नमो निषङ्गिण इषुधिमते तस्कराणां पतये नमो नमः सृकायिभ्यो जिघाꣳसद्भ्यो मुष्णतां पतये नमो नमोऽसिमद्भ्यो नक्तंचरद्भ्यो विकृन्तानां पतये नमः । २१ । नम उष्णीषिणे गिरिचराय कुलुञ्चानां पतये नमो नम इषुमद्भ्यो धन्वाविभ्यश्च वो नमो नम आतन्वानेभ्यः प्रतिदधानेभ्यश्च वो नमो नम आयच्छद्भ्यो स्यद्भ्यश्च वो नमो । २२ । नमो विसृजद्भ्यो विध्यद्भ्यश्च वो नमो नमः स्वपद्भ्यो जाग्रद्भ्यश्च वो नमो नमः शयानेभ्य आसीनेभ्यश्च वो नमो नमस् तिष्ठद्भ्यो धावद्भ्यश्च वो नमो । २३ ।

नमः सभाभ्यः सभापतिभ्यश्च वो नमो नमोऽश्वेभ्योऽश्वपतिभ्यश्च वो नमो नम आव्याधिनीभ्यो विविध्यन्तीभ्यश्च वो नमो नम उगणाभ्यस्तृꣳहतीभ्यश्च वो नमो । २४ । नमो गणेभ्यो गणपतिभ्यश्च वो नमो नमो व्रातेभ्यो व्रातपतिभ्यश्च वो नमो नमो गृत्सेभ्यो गृत्सपतिभ्यश्च वो नमो नमो विरूपेभ्यो विश्वरूपेभ्यश्च वो नमो । २५ । नमः सेनाभ्यः सेनानिभ्यश्च वो नमो नमो रथिभ्योऽरथेभ्यश्च वो नमो नमः क्षत्तृभ्यः सङ्ग्रहीतृभ्यश्च वो नमो नमो महद्भ्यो अर्भकेभ्यश्च वो नमः । २६ । नमस् तक्षभ्यो रथकारेभ्यश्च वो नमो नमः कुलालेभ्यः कर्मारेभ्यश्च वो नमो नमो निषादेभ्यः पुञ्जिष्टेभ्यश्च वो नमो नमः श्वनिभ्यो मृगयुभ्यश्च वो नमो । २७ । नमः श्वभ्यः श्वपतिभ्यश्च वो नमो नमो भवाय च रुद्राय च नमः शर्वाय च पशुपतये च नमो नीलग्रीवाय च शितिकण्ठाय च । २८ ।

नमः कपर्दिने च व्युप्तकेशाय च नमः सहस्राक्षाय च शतधन्वने च नमो गिरिशयाय च शिपिविष्टाय च नमो मीढुष्टमाय चेषुमते च । २९ । नमो ह्रस्वाय च वामनाय च नमो बृहते च वर्षीयसे च नमो वृद्धाय च सवृधे च नमो

अग्र्याय च प्रथमाय च । ३० । नम आशवे चाजिराय च नमः शीघ्र्याय च शीभ्याय च नम ऊर्म्याय चावस्वन्याय च नमो नादेयाय च द्वीप्याय च । ३१ ।

नमो ज्येष्ठाय च कनिष्ठाय च नमः पूर्वजाय चापरजाय च नमो मध्यमाय चापगल्भाय च नमो जघन्याय च बुध्न्याय च । ३२ । नमः सोभ्याय च प्रतिसर्याय च नमो याम्याय च क्षेम्याय च नमः श्लोक्याय चाऽवसान्याय च नम उर्वर्याय च खल्याय च । ३३ । नमो वन्याय च कक्ष्याय च नमः श्रवाय च प्रतिश्रवाय च नम आशुषेणाय चाशुरथाय च नमः शूराय चावभेदिने च । ३४ । नमो बिल्मिने च कवचिने च नमो वर्मिणे च वरूथिने च नमः श्रुताय च श्रुतसेनाय च नमो दुन्दुभ्याय चाहनन्याय च । ३५ ।

नमो धृष्णवे च प्रमृशाय च नमो निषङ्गिणे चेषुधिमते च नमस्तीक्ष्णेषवे चायुधिने च नमः स्वायुधाय च सुधन्वन च । ३६ । नमः स्रुत्याय च पथ्याय च नमः काट्याय च नीप्याय च नमः कुल्याय च सरस्याय च नमो नादेयाय च वैशन्ताय च । ३७ । नमः कूप्याय चावट्याय च नमो वीध्र्याय चातप्याय च नमो मेघ्याय च विद्युत्याय च नमो वर्ष्याय चावर्ष्याय च । ३८ ।

नमो वात्याय च रेष्म्याय च नमो वास्तव्याय च वास्तुपाय च नमः सोमाय च रुद्राय च नमस् ताम्राय चारुणाय च । ३९ । नमः शङ्गवे च पशुपतये च नम उग्राय च भीमाय च नमोऽग्रेवधाय च दूरेवधाय च नमो हन्त्रे च हनीयसे च नमो वृक्षेभ्यो हरिकेशेभ्यो नमस् ताराय । ४० । नमः शम्भवाय च मयोभवाय च नमः शङ्कराय च मयस्कराय च **नमः शिवाय** च शिवतराय च । ४१ । नमः पार्याय चावार्याय च नमः प्रतरणाय चोत्तरणाय च नमस् तीर्थ्याय च कूल्याय च नमः शष्प्याय च फेन्याय च । ४२ । नमः सिकत्त्याय च प्रवाह्याय

च नमः किᳬशिलाय च क्षयणाय च नमः कपर्दिने च पुलस्तये च नम
इरिण्याय च प्रपथ्याय च । ४३ ।

नमो व्रज्याय च गोष्ठ्याय च नमस् तल्प्याय च गेह्याय च नमो हृदय्याय च
निवेष्प्याय च नमः काट्याय च गह्वरेष्ठाय च । ४४ । नमः शुष्क्याय च
हरित्याय च नमः पाᳬंसव्याय च रजस्याय च नमो लोप्याय चोलप्याय च नम
ऊर्व्याय च सूर्व्याय च । ४५ । नमःपर्णाय च पर्णशदाय च नम उद्गुरमाणाय
चाभिघ्नते च नम आखिदते च प्रखिदते च नम इषुकृद्भ्यो धनुष्कृद्भ्यश्च वो
नमो नमो वः किरिकेभ्यो देवानाᳬं हृदयेभ्यो नमो विचिन्वत्केभ्यो नमो
विक्षिणत्केभ्यो नम आनिर्हतेभ्यः । ४६ ।

द्रापे अन्धसस्पते दरिद्र नीललोहित । आसां प्रजानाम् एषाम् पशूनाम् मा
भेर्माऽरोङ्मो चनः किञ्चनाममत् । ४७ । इमा रुद्राय तवसे कपर्दिने क्षयद्वीराय
प्रभरामहे मतीः । यथा शमसद् द्विपदे चतुष्पदे विश्वं पुष्टङ् ग्रामे
अस्मिन्ननातुरम् । ४८ । या ते रुद्र शिवा तनूः शिवा विश्वाहा भेषजी । शिवा
रुतस्य भेषजी तया नो मृड जीवसे । ४९ । परिणो रुद्रस्य हेतिर्वृणक्तु परि
त्वेषस्य दुर्मतिर् अघायोः । अव स्थिरा मघवद्भयस्तनुष्व मीढ्वस्तोकाय तनयाय
मृड । ५० । मीढुष्टम शिवतम शिवो नः सुमना भव । परमे वृक्ष आयुधन्
निधाय कृत्तिँ वसान आचर पिनाकं बिभ्रदागहि । ५१ । विकिरिद विलोहित
नमस्ते अस्तु भगवः । यास्ते सहस्रᳬ हेतयोऽन्यम् अस्मन्निवपन्तु ताः । ५२
। सहस्राणि सहस्रशो बाह्वोस्तव हेतयः । तासामीशानो भगवः पराचीना
मुखा कृधि । ५३ ।

असङ्ख्याता सहस्राणि ये रुद्रा अधि भूम्याम् । तेषाᳬं सहस्रयोजनेऽवधन्वानि
तन्मसि । ५४ । अस्मिन् महत्त्यर्णवेऽन्तरिक्षे भवा अधि । तेषाᳬं

सहस्रयोजनेऽवधन्वानि तन्मसि । ५५ । नीलग्रीवाः शितिकण्ठा दिवᳬ रुद्रा उपश्रिताः । तेषाᳬ सहस्रयोजनेऽवधन्वानि तन्मसि । ५६ । नीलग्रीवाः शितिकण्ठाः शर्वा अधः क्षमाचराः । तेषाᳬ सहस्रयोजनेऽवधन्वानि तन्मसि । ५७ । ये वृक्षेषु शष्पिञ्जरा नीलग्रीवा विलोहिताः । तेषाᳬ सहस्रयोजनेऽवधन्वानि तन्मसि । ५८ । ये भूतानाम् अधिपतयो विशिखासः कपर्दिनः । तेषाᳬ सहस्रयोजनेऽवधन्वानि तन्मसि । ५९ । ये पथां पथिरक्षय ऐलबृदा आयुर्युधहः । तेषाᳬ सहस्रयोजनेऽवधन्वानि तन्मसि । ६० । ये तीर्थानि प्रचरन्ति सृकाहस्ता निषङ्गिणः । तेषाᳬ सहस्रयोजनेऽवधन्वानि तन्मसि । ६१ । येऽन्नेषु विविध्यन्ति पात्रेषु पिबतो जनान् । तेषाᳬ सहस्रयोजनेऽवधन्वानि तन्मसि । ६२ । य एतावन्तश्च भूयाᳬसश्च दिशो रुद्रा वितस्थिरे । तेषाᳬ सहस्रयोजनेऽवधन्वानि तन्मसि । ६३ ।

नमोऽस्तु रुद्रेभ्यो ये दिवि येषाँ वर्षमिषवः। तेभ्यो दश प्राचीर्दश दक्षिणा दश प्रतीचीर्दशोदीचीर्दशोर्ध्वाः । तेभ्यो नमो अस्तु ते नोऽवन्तु ते नो मृडयन्तु ते यन् द्विष्मो यश्च नो द्वेष्टि तम् एषाञ् जम्भे दध्मः । ६४ ।

नमोऽस्तु रुद्रेभ्यो येऽन्तरिक्षे येषाँवात इषवः । तेभ्यो दश प्राचीर्दश दक्षिणा दश प्रतीचीर्दशोदीचीर्दशोर्ध्वाः । तेभ्यो नमो अस्तु ते नोऽवन्तु ते नो मृडयन्तु ते यन् द्विष्मो यश्च नो द्वेष्टि तम् एषाञ् जम्भे दध्मः । ६५ ।

नमोऽस्तु रुद्रेभ्यो ये पृथिव्यां येषामन्नम् इषवः । तेभ्यो दश प्राचीर्दश दक्षिणा दश प्रतीचीर्दशोदीचीर्दशोर्ध्वाः । तेभ्यो नमो अस्तु ते नोऽवन्तु ते नो मृडयन्तु ते यन् द्विष्मो यश्च नो द्वेष्टि तम् एषाञ् जम्भे दध्मः ॥ ६६ ॥

अथ षष्ठोऽध्यायः 6th Chapter

हरिः ॐम ।

वयᳬ सोमव्रतेतवमनस् तनूषुबिभ्रतः । प्रजावन्तः सचेमहि ॥ १ ॥ एषते रुद्र भागः सहस्वस्राऽम्बिकयातञ् जुषस्वस् वाहैषते रुद्र भाग आखुस् ते पशुः ॥

२ ॥ अव रुद्र मदीहॄयवदेवन् त्र्यम्बकम् । यथानोवस्य सस्करद् यथानः श्रेयस
स्करद् यथानो व्यवसाययात् ॥ ३ ॥ भेषजमसि भेषजङ्गवेऽश्वाय पुरुषाय
भेषजम् । सुखम् एषायमेष्यै ॥ ४ । त्र्यम्बकं यजामहे सुगन्धिम् पुष्टिवर्धनम् ।
उर्वारुकमिव बन्धनान् मृत्योर् मुक्षीय माऽमृतात् ॥ त्र्यम्बकं यजामहे
सुगन्धिम् पतिवेदनम् । उर्वारुकमिव बन्धनाद् इतो मुक्षीय मामुतः ॥ ५ ॥
एतत् ते रुद्राऽवसन्तेन परोमूजवतोऽतीहि । अव तत् अधन्वापिनाकावसः
कृत्ति वासा अहिꣳ सन्नः शिवोऽतीहि ॥ ६ ॥ त्र्यायुषञ् जमदग्नेः कश्यपस्य
त्र्यायुषम् । यद् देवेषु त्र्यायुषन् तन्नो अस्तु त्र्यायुषम् ॥ ७ ॥ शिवो नामासि
स्वधितिस्ते पिता नमस्ते अस्तु मामाहिꣳ सीः । निवर्त्त याम्यायुषेऽन्नाद्याय
प्रजननाय रायस् पोषाय सुप्रजास्त्वाय सुवीर्याय ॥ ८ ॥

अथ सप्तमोऽध्यायः 7th Chapter

हरिः ॐम ।

उग्रश्च भीमश्च ध्वान्तश्च धुनिश्च । सासह्वाँश्चाभियुग्वा च विक्षिपस् स्वाहा ॥ १
॥ अग्निꣳ हृदये नाशनिꣳ हृदयाग्रेण पशुपतिङ् कृत्स्न हृदयेन भवं यक्ना । शर्वं
मतस्नाभ्यामीशानम् मन्युना महादेवम् अन्तः पर्शव्येनोग्रन् देवं वनिष्ठुना
वसिष्ठहनुः शिङ्गीनि कोश्याभ्याम् ॥ २ ॥ उग्रँ लोहितेन मित्रꣳ सौव्रत्येन रुद्रन्
दौर्व्रत्ये नेन्द्रम् पक्रीडेन मरुतो बलेन साध्यान् प्रमुदा । भवस्य कण्ठ्यꣳ
रुद्रस्यान्तः । पार्श्व्यं महादेवस्य यकृच्छर्वस्य वनिष्ठुः पशुपतेः पुरीतत् ॥ ३ ॥
लोम् अभ्यः स्वाहा लोम् अभ्यः स्वाहा त्वचे स्वाहा त्वचे स्वाहा । लोहिताय
स्वाहा लोहिताय स्वाहा मेदोभ्यः स्वाहा मेदोभ्यः स्वाहा । माꣳ सेभ्यः स्वाहा
माꣳ सेभ्यः स्वाहा स्नावभ्यः स्वाहा स्नावभ्यः स्वाहा अस्थभ्यः स्वाहा
अस्थभ्यः स्वाहा । मज्जभ्यः स्वाहा मज्जभ्यः स्वाहा रेतसे स्वाहा पायवे स्वाहा
॥ ४ ॥ आयासाय स्वाहा प्रायासाय स्वाहा संयासाय स्वाहा वियासाय
स्वाहोद्यासाय स्वाहा । शुचे स्वाहा शोचते स्वाहा शोचमानाय स्वाहा शोकाय

स्वाहा ॥ ५ ॥ तपसे स्वाहा तप्यते स्वाहा तप्यमानाय स्वाहा तप्ताय स्वाहा । घर्माय स्वाहा निष्कृत्यै स्वाहा प्रायश्चित्यै स्वाहा भेषजाय स्वाहा ॥ ६ । यमाय स्वाहा अन्तकाय स्वाहा मृत्यवे स्वाहा । ब्रह्मणे स्वाहा ब्रह्महत्यायै स्वाहा विश्वेभ्यो देवेभ्यः स्वाहा द्यावा पृथिवीभ्याॅं स्वाहा ॥ ७॥

अथ अष्टमोऽध्यायः 8th Chapter Chamakam

हरिः ॐम ।

वाजश्च मे प्रसवश्च मे प्रयतिश्च मे प्रसितिश्च मे धीतिश्च मे क्रतुश्च मे स्वरश्च मे श्लोकश्च मे श्रवश्च मे श्रुतिश्च मे ज्योतिश्च मे स्वश्च मे यज्ञेन कल्पन्ताम् । १ । प्राणश्च मेऽपानश्च मे व्यानश्च मेऽसुश्च मे चित्तञ् च म आधीतञ् च मे वाक् च मे मनश्च मे चक्षुश्च मे श्रोत्रञ् च मे दक्षश्च मे बलञ् च मे यज्ञेन कल्पन्ताम् । २ । ओजश्च मे सहश्च म आत्मा च मे तनूश्च मे शर्म च मे वर्म च मेऽङ्गानि च मेऽस्थीनि च मे परूॅंषि च मे शरीराणि च म आयुश्च मे जरा च मे यज्ञेन कल्पन्ताम् । ३ ।

ज्यैष्ठ्यञ् च म आधिपत्यञ् च मे मन्युश्च मे भामश्च मेऽमश्च मेऽम्भश्च मे जेमा च मे महिमा च मे वरिमा च मे प्रथिमा च मे वर्षिमा च मे द्राघिमा च मे वृद्धञ् च मे वृद्धिश्च मे यज्ञेन कल्पन्ताम् । ४ । सत्यञ् च मे श्रद्धा च मे जगच्च मे धनञ् च मे विश्वञ् च मे महश्च मे क्रीडा च मे मोदश्च मे जातञ् च मे जनिष्यमाणञ् च मे सूक्तञ् च मे सुकृतञ् च मे यज्ञेन कल्पन्ताम् । ५ । ऋतञ् च मेऽमृतञ् च मेऽयक्ष्मञ् च मेऽनामयच्च मे जीवातुश्च मे दीर्घायुत्वञ् च मेऽनमित्रञ् च मेऽभयञ् च मे सुगञ् च मे शयनञ् च मे सूषा च मे सुदिनञ् च मे यज्ञेन कल्पन्ताम् । ६ । यन्ता च मे धर्ता च मे क्षेमश्च मे धृतिश्च मे विश्वञ् च मे महश्च मे संविच्च मे ज्ञात्रञ् च मे सूश्च मे प्रसूश्च मे सीरञ् च मे लयश्च मे यज्ञेन कल्पन्ताम् । ७ ।

शञ् च मे मयश्च मे प्रियञ् च मेऽनुकामश्च मे कामश्च मे सौमनसश्च मे भगश्च मे द्रविणञ् च मे भद्रञ् च मे श्रेयश्च मे वसीयश्च मे यशश्च मे यज्ञेन कल्पन्ताम् । ८ ।

ऊर्क्च मे सूनृता च मे पयश्च मे रसश्च मे घृतञ् च मे मधु च मे सग्धिश्च मे सपीतिश्च मे कृषिश्च मे वृष्टिश्च मे जैत्रञ् च म औद्भिद्यञ् च मे यज्ञेन कल्पन्ताम् । ९ । रयिश्च मे रायश्च मे पुष्टञ् च मे पुष्टिश्च मे विभु च मे प्रभु च मे पूर्णञ् च मे पूर्णतरञ् च मे कुयवञ् च मे क्षितञ् च मेऽन्नञ् च मेऽक्षुच्च मे यज्ञेन कल्पन्ताम् । १० । वित्तञ् च मे वेद्यञ्च मे भूतञ् च मे भविष्यच्च मे सुगञ् च मे सुपत्थ्यञ्च म ऋद्धञ् च म ऋद्धिश्च मे क्लृप्तञ् च मे क्लृप्तिश्च मे मतिश्च मे सुमतिश्च मे यज्ञेन कल्पन्ताम् । ११ । व्रीहयश्च मे यवाश्च मे माषाश्च मे तिलाश्च मे मुद्गाश्च मे खल्वाश्च मे प्रियङ्गवश्च मेऽणवश्च मे श्यामाकाश्च मे नीवाराश्च मे गोधूमाश्च मे मसुराश्च मे यज्ञेन कल्पन्ताम् । १२ ।

अश्मा च मे मृत्तिका च मे गिरयश्च मे पर्वताश्च मे सिकताश्च मे वनस्पतयश्च मे हिरण्यञ् च मेऽयश्च मे श्यामञ् च मे लोहञ् च मे सीसञ् च मे त्रपु च मे यज्ञेन कल्पन्ताम् । १३ । अग्निश्च म आपश्च मे वीरुधश्च म ओषधयश्च मे कृष्टपच्याश्च मेऽकृष्टपच्याश्च मे ग्राम्याश्च मे पशव आरण्याश्च मे वित्तञ् च मे वित्तिश्च मे भूतञ् च मे भूतिश्च मे यज्ञेन कल्पन्ताम् । १४ । वसु च मे वसतिश्च मे कर्म च मे शक्तिश्च मेऽर्थश्च म एमश्च मऽइत्त्या च मे गतिश्च मे यज्ञेन कल्पन्ताम् । १५ ।

अग्निश्च म इन्द्रश्च मे सोमश्च म इन्द्रश्च मे सविता च म इन्द्रश्च मे सरस्वती च म इन्द्रश्च मे पूषा च म इन्द्रश्च मे बृहस्पतिश्च म इन्द्रश्च मे यज्ञेन कल्पन्ताम् । १६ । मित्रश्च म इन्द्रश्च मे वरुणश्च म इन्द्रश्च मे धाता च म इन्द्रश्च मे त्वष्टा च म

इन्द्रश्च मे मरुतश्च म इन्द्रश्च मे विश्वे च मे देवा इन्द्रश्च मे यज्ञेन कल्पन्ताम् । १७ । पृथिवी च म इन्द्रश्च मेऽन्तरिक्षञ् च म इन्द्रश्च मे द्यौश्च म इन्द्रश्च श्च मे समाश्च म इन्द्रश्च मे नक्षत्राणि च म इन्द्रश्च मे दिशश्च म इन्द्रश्च मे यज्ञेन कल्पन्ताम् । १८ ।

अꣳशुश्च मे रश्मिश्च मेऽदाभ्यश्च मेऽधिपतिश्च म उपाꣳशुश्च मेऽन्तर्यामश्च म ऐन्द्रवायवश्च मे मैत्रावरुणश्च म आश्विनश्च मे प्रतिप्रस्थानश्च मे शुक्रश्च मे मन्थी च मे यज्ञेन कल्पन्ताम् । १९ । आग्रयणश्च मे वैश्वदेवश्च मे ध्रुवश्च मे वैश्वानरश्च म ऐन्द्राग्नश्च मे महावैश्वदेवश्च मे मरुत्त्वतीयाश्च मे निष्केवल्यश्च मे सावित्रश्च मे सारस्वतश्च मे पात्क्नीवतश्च मे हारियोजनश्च मे यज्ञेन कल्पन्ताम् । २० । स्रुचश्च मे चमसाश्च मे वायव्यानि च मे द्रोणकलशश्च मे ग्रावाणश्च मेऽधिषवणे च मे पूतभृच्च म आधवनीयश्च मे वेदिश्च मे बर्हिश्च मेऽवभृथश्च मे स्वगाकारश्च मे यज्ञेन कल्पन्ताम् । २१ ।

अग्निश्च मे घर्मश्च मेऽर्कश्च मे सूर्यश्च मे प्राणश्च मेऽश्वमेधश्च मे पृथिवी च मेऽदितिश्च मे दितिश्च मे द्यौश्च मेऽङ्गुलयश् शक्करयो दिशश्च मे यज्ञेन कल्पन्ताम् । २२ । व्रतञ् च मऽऋतवश्च मे तपश्च मे संवत्सरश्च मेऽहोरात्रे ऊर्वष्ठीवे बृहद्रथन्तरे च मे यज्ञेन कल्पन्ताम् । २३ ।

एका च मे तिस्रश्च मे तिस्रश्च मे पञ्च च मे पञ्च च मे सप्त च मे सप्त च मे नव च मे नव च म एकादश च म एकादश च मे त्रयोदश च मे त्रयोदश च मे पञ्चदश च मे पञ्चदश च मे सप्तदश च मे सप्तदश च मे नवदश च मे नवदश च म एकविꣳशतिश्च म एकविꣳशतिश्च मे त्रयोविꣳशतिश्च मे त्रयोविꣳशतिश्च मे पञ्चविꣳशतिश्च मे पञ्चविꣳशतिश्च मे सप्तविꣳशतिश्च मे सप्तविꣳशतिश्च मे

नवविꣳशतिश्च मे नवविꣳशतिश्च म एकत्रिꣳशच्च म एकत्रिꣳशच्च मे त्रयस्त्रिꣳशच्च मे यज्ञेन कल्पन्ताम् । २४ ।
चतस्रश्च मेऽष्टौ च मे अष्टौ च मे द्वादश च मे द्वादश च मे षोडश च मे षोडश च मे विꣳशतिश्च मे विꣳशतिश्च मे चतुर्विꣳशतिश्च मे चतुर्विꣳशतिश्च मेऽष्टाविꣳशतिश्च मे अष्टाविꣳशतिश्च मे द्वात्रिꣳशच्च मे द्वात्रिꣳशच्च मे षट्त्रिꣳशच्च मे षट्त्रिꣳशच्च मे चत्वारिꣳशच्च मे चत्वारिꣳशच्च मे चतुश्चत्वारिꣳशच्च मे चतुश्चत्वारिꣳशच्च मेऽष्टाचत्वारिꣳशच्च मे यज्ञेन कल्पन्ताम् । २५ ।
त्र्यविश्च मे त्र्यवी च मे दित्यवाट् च मे दित्यौही च मे पञ्चाविश्च मे पञ्चावी च मे त्रिवत्सश्च मे त्रिवत्सा च मे तुर्यवाट् च मे तुर्यौही च मे यज्ञेन कल्पन्ताम् । २६ । पष्ठवाट् च मे पष्ठौही च म उक्षा च मे वशा च म ऋषभश्च मे वेहच्च मेऽनड्वाँश्च मे धेनुश्च मे यज्ञेन कल्पन्ताम् । २७ । वाजाय स्वाहा प्रसवाय स्वाहाऽपिजाय स्वाहा क्रतवे स्वाहा वसवे स्वाहाऽहर्पतये स्वाहा ह्नेमुग्धाय स्वाहा मुग्धाय वैनꣳ शिनाय स्वाहा विनꣳ शिन आन्त्याय नाय स्वाहाऽन्त्याय भौवनाय स्वाहा भुवनस्य पतये स्वाहाऽधिपतये स्वाहा प्रजापतये स्वाहा । इयन्तेराण् मित्राय यन्तासि यमन ऊर्जेत्त्वा वृष्ट्यैत्त्वा प्रजानांत्त्वाधिपत्त्याय । २८ ।

आयुर् यज्ञेन कल्पतां प्राणो यज्ञेन कल्पताञ् चक्षुर्यज्ञेन कल्पताꣳ श्रोत्रं यज्ञेन कल्पतां वाग् यज्ञेन कल्पतां मनो यज्ञेन कल्पताम् आत्मा यज्ञेन कल्पतां ब्रह्मा यज्ञेन कल्पताञ् ज्योतिर् यज्ञेन कल्पताꣳ स्वर् यज्ञेन कल्पतां पृष्ठं यज्ञेन कल्पतां यज्ञो यज्ञेन कल्पताम् । स्तोमश्च यजुश्च ऋक् च साम च बृह च रथन्तरञ् च । स्वर् देवा अगन्मामृता अभूम प्रजापतेः प्रजा अभूम वेट् स्वाहा ॥ २९ ॥

अथ शान्ति अध्यायः Shanti

हरिः ॐम ।

ऋचं वाचं प्रपद्ये मनो यजुः प्रपद्ये साम प्राणं प्रपद्ये चक्षुः श्रोत्रं प्रपद्ये । वागोजः सहौजो मयि प्राणापानौ ॥ १ ॥ यन् मे छिद्रञ् चक्षुषो हृदयस्य मनसो वाति तृण्णम् बृहस्पतिर् मे तद् दधातु । शन् नो भवतु भुवनस्य यस्पतिः ॥ २ ॥

भूर् भुवः स्वः । तत् सवितुर् वरेण्यम् भर्गो देवस्य धीमहि । धियो यो नः प्रचोदयात् ॥ ३ ॥

कयानश् चित्र आभुवदूती सदावृधः सखा । कयाशचिष्ठया वृता ॥४ कस्त्वा सत्यो मदानामᳬ हिष्टो मत् सदन्धसः । दृढाचि दारु जेवसु ॥ ५ ॥ अभिषुणः सखी नामविता जरितृणाम् । शतम् भवास्यूतिभिः ॥ ६ ॥ कया त्वन्न ऊत्त्याभि प्रमन्दसेवृषन् । कया स्तोतृभ्य आभर ॥ ७ ॥ इन्द्रो विश्वस्य राजति ।

शन् नो अस्तु द्विपदे शञ् चतुष्पदे ॥ ८ ॥

शन् नो मित्रः शं वरुणः शन् नो भवत् वर्यमा । शन् न इन्द्रो बृहस्पतिः शन् नो विष्णुर् उरुक्रमः ॥ ९ ॥ शन् नो वातः पवताᳫ शन् नस् तपतु सूर्यः । शन् नः कनिक्रद् द्देवः पर्जन्यो अभिवर्षतु ॥ १० ॥ अहानि शम् भवन्तु नः शᳬ रात्रीः प्रतिधीयताम् । शन् न इन्द्राग्नी भवतामवोभिः शन् न इन्द्रावरुणारात हव्या । शन् न इन्द्रापूषणा वाजसातौ शम् इन्द्रासोमा सुविताय शं योः ॥ ११ ॥

शन् नो देवीरभिष्टय आपो भवन्तु पीतये । शं योर भिस्रवन्तुनः ॥ १२ ॥

स्योना पृथिवि नो भवान् ऋक्षरा निवेशनी । यच्छा नः शर्मस प्रथाः ॥ १३ ॥

आपो हिष्ठा मयो भुवस् तान ऊर्जे दधातन । महेरणाय चक्षसे ॥ १४ ॥ यो वः शिव तमो रसस् तस्य भाजयते ह नः । उशतीरिव मातरः ॥ १५ ॥ तस्मा अरङ्ग माम वो यस्य क्षयाय जिन्वथ । आपो जन यथा च नः ॥ १६ ॥

द्यौः शान्तिर् अन्तरिक्षꣳ शान्तिः पृथिवी शान्तिर् आपः शान्तिर् ओषधयः शान्तिः । वनस्पतयः शान्तिर् विश्वे देवाः शान्तिर् ब्रह्म शान्तिः सर्वꣳ शान्तिः शान्तिरेव शान्तिः सामा शान्तिरेधि ॥ १७ ॥

दृतेदृꣳ हमा मित्रस्य मा चक्षुषा सर्वाणि भूतानि समीक्षन्ताम् । मित्रस्य अहञ् चक्षुषा सर्वाणि भूतानि समीक्षे । मित्रस्य चक्षुषा समीक्षामहे ॥ १८ ॥ दृतेदृꣳ हमा । ज्योक्ते सन्दृशि जीव्या सञ् ज्योक्ते सन्दृशि जीव्यासम् ॥ १९ ॥

नमस्ते हरसे शोचिषे नमस्ते अस्तु अर्चिषे । अन्न्याँस् ते अस्मत् तपन्तु हेतयः पावको अस्मभ्यꣳ शिवो भव ॥ २० ॥ नमस्ते अस्तु विद्युते नमस्तेस् तनयित्नवे । नमस्ते भगवन् अस्तु यतः स्वः समीहसे ॥ २१ ॥

यतो यतः समीहसे ततो नो अभयङ् कुरु । शन् नः कुरु प्रजाभ्योऽभयन् नः पशुभ्यः ॥ २२ ॥ सुमित्रि यान आप ओषधयः सन्तु दुर्मित्रि यास् तस्मै सन्तु योऽस्मान् द्वेष्टि यञ् च वयन् द्विष्मः ॥ २३ ॥ तच्चक्षुर् देवहितम् पुरस्ताच्छुक्रम् उच्चरत् । पश्ये मशरदः शतञ् जीवेम शरदः शतꣳ श्रृणुयाम शरदः शतं प्रब्रवाम शरदः शत मदीनाः स्याम शरदः शतं भूयश्च शरदः शतात् ॥ २४ ॥

अथ स्वस्ति प्रार्थना मन्त्र अध्यायः Svasti

हरिः ॐम ।

स्वस्ति न इन्द्रो वृद्धश्रवाः । स्वस्ति नः पूषा विश्ववेदाः । स्वस्ति नस्ताक्ष्र्यो अरिष्टनेमिः । स्वस्ति नो बृहस्पतिर् दधातु ॥ १ ॥

ॐ पयः पृथिव्यां पय ओषधीषु पयो दिव्यन्तरिक्षे पयो धाः । पयस्वतीः प्रदिशः सन्तु मह्यम् ॥ २ ॥

ॐ विष्णोर् अराट मसि विष्णोः श्नप्त्रेस्थो विष्णोः स्यूरसि विष्णोर् ध्रुवोऽसि । वैष्णवमसि विष्णवेत्त्वा ॥ ३ ॥

ॐ अग्निर् देवता वातो देवता सूर्यो देवता चन्द्रमा देवता वसवो देवता रुद्रा देवताऽऽदित्या देवता मरुतो देवता विश्वेदेवा देवता बृहस्पतिर् देवतेन्द्रो देवता वरुणो देवता ॥ ४ ॥

ॐ सद्योजातं प्रपद्यामि सद्योजाताय वै नमो नमः । भवे भवे नातिभवे भवस्व माम् । भवोद्भवाय नमः ॥ ५ ॥

वामदेवाय नमो ज्येष्ठाय नमः श्रेष्ठाय नमो रुद्राय नमः कालाय नमः कलविकरणाय नमो बलविकरणाय नमो बलाय नमो बलप्रमथनाय नमस् सर्वभूतदमनाय नमो मनोन्मनाय नमः ॥ ६ ॥

अघोरेभ्योऽथ् अघोरेभ्यो घोरघोरतरेभ्यः । सर्वेभ्यः सर्वशर्वेभ्यो नमस्ते अस्तु रुद्ररूपेभ्यः ॥ ७ ॥

तत्पुरुषाय विद्महे महादेवाय धीमहि । तन्नो रुद्रः प्रचोदयात् ॥ ८ ॥

ईशानः सर्वविद्यानाम् ईश्वरः सर्वभूतानां ब्रह्माधिपतिर् ब्रह्मणोऽधिपतिर् ब्रह्मा शिवो मे अस्तु सदा शिवोम् ॥ ९ ॥

ॐ शिवो नामासि स्वधितिस्ते पिता नमस्ते अस्तु मामाहिꣳ सीः । निवर्त्तयाम् यायुषेऽन्नाद्याय प्रजननाय रायस् पोषाय सुप्रजास् त्वाय सुवीर्याय ॥ १० ॥

ॐ विश्वानि देव सवितर् दुरितानि परासुव । यद् भद्रन् तन आसुव ॥ ११ ॥

ॐ द्यौः शान्तिर् अन्तरिक्षꣳ शान्तिः पृथिवी शान्तिर् आपःशान्तिर् ओषधयःशान्तिः । वनस्पतयःशान्तिर् विश्वेदेवाः शान्तिर् ब्रह्म शान्तिः सर्वꣳशान्तिःशान्तिरेव शान्तिः सामा शान्तिरेधि ॥ १२ ॥

ॐ सर्वेषां वा एष वेदानाꣳ रसो यत् साम सर्वेषाम् एवैनम् एतद् वेदानाꣳ रसे नाभिषिञ्चति ॥ १३ ॥

ॐ शान्तिः शान्तिः शान्तिः । सुशान्तिर् भवतु । सर्वारिष्ट शान्तिर् भवतु ॥

॥ इति रुद्राष्टाध्यायी समाप्ता ॥

क्षमा प्रार्थना

यद् अक्षर-पद-भ्रष्टं मात्रा हीनञ्च यद् भवेत् । तत् सर्वं क्षम्यतां देव प्रसीद परमेश्वर ॥ अनेन कृतेन श्रीरुद्राभिषेक-कर्मणा श्रीभवानी-शङ्कर-महारुद्रः प्रीयताम् न मम ॥ ॐ श्रीसाम्बसदाशिव-अर्पणमस्तु ॥

ॐ आभिर् गीर्भिर् यदतोन ऊनमाप्यायय हरिवो वर्धमानः ।
यदा स्तोतृभ्यो महि गोत्रा रुजासि भूयिष्ठभाजो अध ते स्याम ।
ब्रह्म प्रावादिष्म तन्नो मा हासीत् ॥

ॐ शान्तिः शान्तिः शान्तिः ॥ ॥ हरिः ॐ ॥

North & South Indian Traditions

There are slight variations in the text and the chanting across the length and breadth of India due to the differing Vedic recensions or versions. The South Indian chants are quite meditative and are followed in our Art of Living pujas. The tradition followed is Krishna Yajur Veda Taittiriya Samhita.

The North Indian tradition follows Shukla Yajur Veda and the chants for Abhisheka are called Rudri or Rudrashtadhyayi, i.e. eight chapters. These are from Shukla Yajurveda Vajasaneyi Madhyandina Samhita chapters 16 and 18. In North India generally a devotee can go straight up to the Main Altar, the Shivalinga, and offer the Puja and Abhisheka all by himself. In fact ashramites in North Indian ashrams are accustomed to this. Whereas in South India, only the priest performs the Puja at the altar.

Notice that South Indian verses Namakam section contains eleven anuvaka, and OM NAMAH SHIVAYA occurs in the eighth anuvaka. Here in the North Indian tradition in the 5th chapter we have given paragraphs that highlight the similarities between the South Indian anuvaka, and notice that here too there are eleven paragraphs, and OM NAMAH SHIVAYA is in the eighth paragraph. The 6th and 7th chapters here are analogous to the Addendum after Namakam in South Indian Rudram.

The South Indian Chamakam section contains eleven anuvaka, and in the North Indian 8th chapter verses we can see corresponding eleven paragraphs.

References

Author-Title-Year-Edition-Publisher

- Sri Sri Ravi Shankar-Understanding Shiva-2015-1st -The Art of Living, Bangalore
- Pandit Jwala Prasad Mishra-रुद्राष्टाध्यायी (pdf)-1956-1st-Khemraj Shri Krishna Dass, Mumbai
- Veniram Sharma Gaud-सविधि रुद्राष्टाध्यायी-1975-1st-Nath Pustak Bhandar, Delhi
- Swami Devrupananda-मन्त्रपुष्पम्-2010-4th -Ramakrishna Math, Mumbai
- Radheshyam Khemka-रुद्राष्टाध्यायी-2016-21st-Gita Press, Gorakhpur
- Ashwini Kumar Aggarwal-Rudra Puja: Simple Complete Profound-2017-1st-Devotees of Sri Sri Ravi Shankar Ashram, Punjab
- Ashwini Kumar Aggarwal, Sadhvi Hemswaroopa-Rudra Puja North Indian Rudrashtadhyayi-2021-1st-Devotees of Sri Sri Ravi Shankar Ashram, Punjab

https://www.ashtangayoga.info/philosophy/sanskrit-and-devanagari/transliteration-tool/#devanagari/iast/

Audio Chants on the Net

Audio link - Rudri Path with Lyrics

https://www.youtube.com/watch?v=9YD-QI_2Vng

https://www.youtube.com/watch?v=4gMcbA0uuQA

Rudram by The Art of Living

https://www.youtube.com/watch?v=JHxT4uSmNOc

Roots Of Pushkar Records -

रुद्री पाठ -शुक्ल यजुर्वेदीय रुद्राष्टाध्यायी RUDRI PATH

https://www.youtube.com/watch?v=QDv46yW5aPA

Rudri Path by 21 Brahmins

https://www.youtube.com/watch?v=E7Y9YbQVzJo

The Ghanapati –
Rudram from Shukla Yajur Veda Kanva Shakha

https://www.youtube.com/watch?v=XoeyJlFE6Jw

Havan with Rudrashtadhyayi –

Vedic Fire Ritual by Shanti Mandir

https://www.youtube.com/watch?v=clb22c3QiGc

Shivoham by Bhanumathi Narasimhan

https://www.youtube.com/watch?v=h0Bt-qCxQR0

Epilogue

Rudra Puja is a simple technique to communicate each and every need, desire, demand and thought to the Divine.

It is complete and profound because it nourishes the physical, mental and spiritual aspects of oneself, one's family and friends, and one's surroundings in a meditative and joyful manner.

Rudri chants can be recited or listened to daily.

सर्वे भवन्तु सुखिनः । सर्वे सन्तु निरामयाः ।
सर्वे भद्राणि पश्यन्तु । मा कश्चिद् दुःख भाग् भवेत् ॥
ॐ शान्तिः शान्तिः शान्तिः ॥

When faith has blossomed in life, Every step is led by the Divine.

Sri Sri Ravi Shankar

Om Namah Shivaya

जय गुरुदेव

www.ingramcontent.com/pod-product-compliance
Lightning Source LLC
LaVergne TN
LVHW010342070526
838199LV00065B/5773
* 9 7 8 9 3 9 2 2 0 1 3 9 4 *